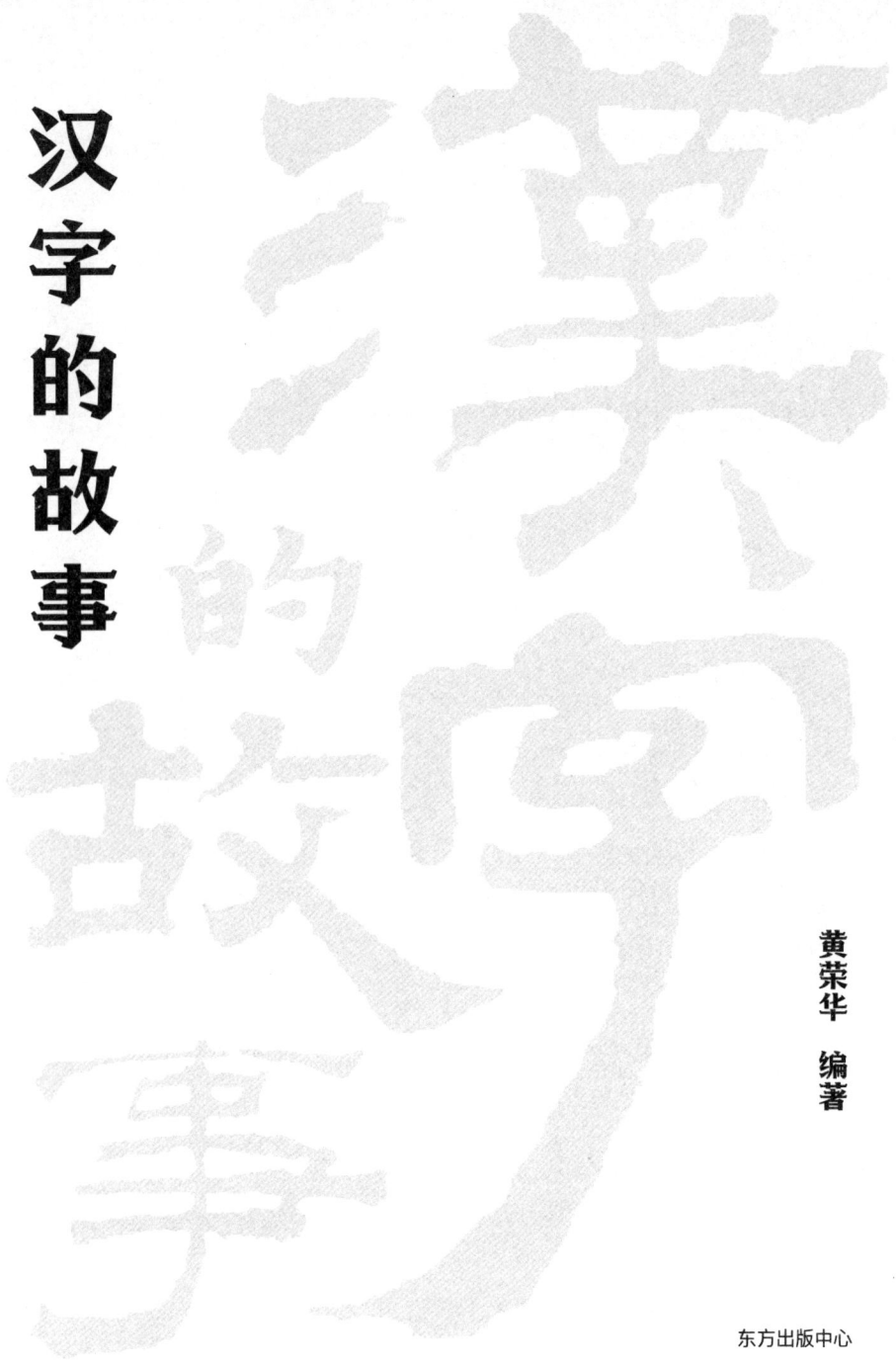

汉字的故事

黄荣华 编著

东方出版中心

图书在版编目（CIP）数据

汉字的故事 / 黄荣华编著. －上海：东方出版中
心, 2022.2 （2024.11 重印）

ISBN 978-7-5473-1959-8

Ⅰ. ①汉… Ⅱ. ①黄… Ⅲ. ①汉字－青少年读物
Ⅳ. ①H12-49

中国版本图书馆CIP数据核字（2022）第021200号

汉字的故事

编　　著	黄荣华	
责任编辑	王　婷	
装帧设计	钟　颖	

出版发行　东方出版中心
地　　址　上海市仙霞路345号
邮政编码　200336
电　　话　021-62417400
印刷者　上海万卷印刷股份有限公司

开　　本　890mm×1240mm　1/32
印　　张　4.75
字　　数　78千字
版　　次　2022年3月第1版
印　　次　2024年11月第2次印刷
定　　价　36.00元

目 录

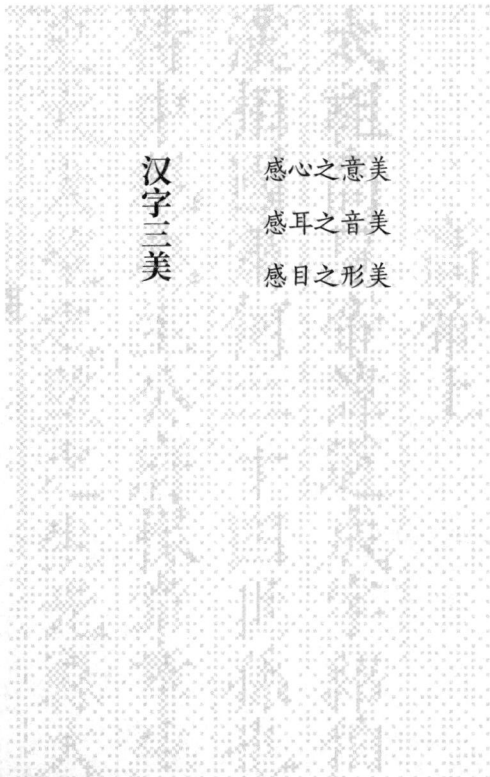

『汉字』由来五问

漢

“汉字”名称起于何时

我们的汉字已有几千年的历史了。几千年来，汉字的名称是不是一直就叫“汉字”呢？不是的。

汉代（前206—220）以前，汉字一般称为“文”。所以，秦始皇统一天下后，统一六国的文字，叫“书同文”。这个“文”就是我们今天所说的“汉字”。长期以来，我们称汉以前的汉字为“文”，如“甲骨文”“金文”“篆文”。

汉代以后，“字”就可以指汉字了。那么，是不是在汉代，我们的文字就叫“汉字”呢？也不是的。从汉代一直到晚清，我们的文字或称“文”，或称“字”，或“文字”合称。如“说文解字”“咬文嚼字”“断文识字”“初识文字”等。如果我们翻阅《辞源》这样的大型辞书，就会发现这些辞书中是没有“汉字”“汉语”这样的词条的，因为古代就没有这样的词语。但我们会发现有“汉隶”这个词条，它是指汉代人写的隶书。

“汉字”这一名称的出现，应当是很晚的事。汉语是世界上最简洁的语言，可以用“文”或“字”来表达时，就绝不会加一个前饰“汉”。只在有必要时，这个前饰“汉”才会出现。那么何时才有必要呢？在需要与其他文字区别时就有必要。所以，南朝时，在与梵文对应时，有"汉文"的说法，兼指汉字与汉语。如南朝梁僧祐《梵汉译经音义同异记》："或善梵义而不了汉音，或明汉文而不晓梵意。"但"汉文"的说法也仅限于此。只有到了近代，我们的文字进入了世界范围交流的广阔舞台之后，才有必要加上前饰"汉"，来与其他文字区别。一般认为有两种可能：一是外族人为了区别自己的文字，比如日本。日本文字中有汉字和假名，所以他们的教科书中很早就出现了"汉字"的说法。二是留学的中国学者，如章太炎等，为了区别自己的文字与别国文字。

为什么是加"汉"字而不是其他的字呢？这是因为汉字主要是汉人使用的文字。那为什么叫"汉人"呢？这是因为我们中华民族发展过程中，历史上产生的第一个极强大且影响极深远的长久统一的王朝是汉朝。汉朝当时与北边的匈奴对峙，匈奴人称汉朝人为汉人，汉朝人称匈奴人为胡人。这样，"汉人"的称谓就延续下来了。汉朝为什么叫"汉"朝？因为当年项羽分封诸侯时，将刘邦分封在汉中（今陕西汉中）。汉中位于汉水中上游流域，刘邦据此立国，取国号为"汉"。

就像其他中华优秀传统文化一样，"汉字"在五四运动之后很长一段时间，成了一个被许多人认为是毒害民族灵魂的必须唾弃的东西。钱玄同曾在《中国今后之文字问题》一文中说："欲使中国不亡，欲使中国民族为二十世纪文明之民族，必以废孔学、灭道教为根本之解决；而废记载孔门学说及道教妖言之汉文，尤为根本解决之根本解决。"钱玄同的观点，实际上是当时许多知识分子文字改革的共同心声，如陈独秀、胡适、蔡元培、鲁迅、郭沫若、茅盾、瞿秋白、傅斯年、赵元任、黎锦熙等。在那个屈辱的年代，知识分子寻找民族衰败的病因，片面地夸大了传统文化的缺陷与不足,"汉字"自然就被当成了问题的载体。

　　五四运动至今一百年,随着中华民族的重新崛起,我们逐步认识到了自己的传统文化的伟大之处。"汉字"也早已被誉为世界奇迹,因为它是世界上唯一历史没有中断的古老文字,它是世界上唯一还在使用的象形文字。它不仅是维系中华民族几千年生生不息的统一的重要力量,而且将是中华民族走向光辉灿烂未来的重要助推力量。

汉字源于"河图""洛书"?

关于汉字的起源，我们的祖先有一种传说：来自"河图""洛书"。

"河图""洛书"的传说，在《尚书》《周易》《论语》《墨子》和《管子》等经典文献中都有记载，对后代产生了深远的影响。

《周易·系辞》（相传是孔子解释《周易》的文字）说："河出图，洛出书，圣人则之。""河"即黄河，"河出图"的故事是说：上古时代，洛阳东北孟津县境内的黄河中浮出龙马，背负"河图"，献给伏羲；"洛"即洛水，"洛出书"的故事是说：洛水中浮出神龟，背驮"洛书"，献给大禹。"则"即效法，"圣人则之"是说圣人效法它。这里的圣人就是指伏羲和大禹。相传伏羲据河图而演成八卦；大禹据洛书治水成功，划天下为九州，定九章大法，治理社会。这九章大法也就是我国最古老的历史著作《尚书》中的《洪范》篇。

《论语·子罕》说："子曰：'凤鸟不至，河不出图，吾已矣夫！'"传说凤鸟在舜和周文王时代都出现过。凤鸟、河图的出现，象征着"圣王"将要出世。孔子说："凤鸟不来了，黄河中也不出现河图了。我这一生也就完了吧！"意思是说圣人不出现了，他恢复周礼的愿望不能实现了。

据《三国志·魏书·文帝纪》裴松之注引，当时群臣向曹丕上劝进表时，纷纷援引《河图》《洛书》(指汉代儒生演绎的纬书《河图》九篇、《洛书》六篇)，从中寻找曹丕废汉献帝并取而代之的依据。曹丕于是顺水推舟，择日告天，从汉献帝手中接过了禅位诏书。

南朝刘勰在《文心雕龙》的开篇《原道》中说"河图孕乎八卦，洛书韫乎九畴，玉版金镂之实，丹文绿牒之华"，大意是说：黄河有龙献图，从而孕育出八卦；洛水有龟献书，从而酝酿出"九畴"；尧在水边得到的玉版上刻有天地的图形，河图、洛书上写着红文绿字。刘勰已经将传说故事当作自己说理的论据了。

关于"河图"与"洛书"，后代的演绎越来越丰富，这里不再赘述。从文字产生的角度看，"河图""洛书"的传说，传递的是文字是上天的恩赐的意思。就像任何神话传说那样，"河出图""洛出书"也是"远古时代的人们对其所接触的自然现象和社会现象所不自觉地幻想出来的具有艺术意味的集体的口头描述和解释"(马克思语)，并不是对我们文字真实起源的描述，但它极有可能告诉我们，汉字的产生与河洛一带的先民关联甚紧。

汉字源于八卦？

八卦起源说也是汉字起源传说中的一种。

《周易·系辞》说："古者包牺氏之王天下也，仰则观象于天，俯则观法于地，观鸟兽之文与地之宜，近取诸身，远取诸物，于是始作八卦，以通神明之德，以类万物之情。"包牺氏即伏羲氏，这段话的意思是：远古时代的包牺氏治理天下的时候，抬头观察天上的星象，俯身观察地上山川河流的形势，观察鸟兽身上的花纹图案和地理现象，近的从自己自身取法，远的向外物取法，于是画出了八种卦象，会通天地万物的神妙道理，用来比拟万事万物的情态。

司马迁在《史记·太史公自序》中说："余闻之先人曰：'伏羲至纯厚，作《易》八卦。'"

《宋史·列传第二百·文苑三》："昔伏羲画八卦而文字之端见矣。"

八卦即乾（qián）、坤（kūn）、震（zhèn）、巽（xùn）、坎（kǎn）、离（lí）、艮（gèn）、兑（duì），是《周易》的八个基本卦相。"卦"是象征自然现象和人事变化的一套符号。八卦用"——"代表阳，用"— —"代表阴，用三个这样的符号，组成八种不同形式的卦。每一卦形代表一定的事物。"乾"代表天，"坤"代表地，"震"代表雷，"巽"代表风，"坎"代表水，"离"代表火，"艮"代表山，"兑"代表泽。如下图：

☰	☱	☲	☳	☴	☵	☶	☷
乾	兑	离	震	巽	坎	艮	坤
金	金	火	木	木	水	土	土
天	泽	火	雷	风	水	山	地
刚	悦	丽	动	入	陷	止	柔
西北	西方	南方	东方	东南	北方	东北	西南

　　八卦互相搭配又演变成六十四卦，用来表示各种自然现象和人事现象。

　　那么，汉字是否由八卦演化而来呢？这在今天还是一个没有答案的问题。有的学者持肯定态度，有的学者则持否定态度。肯定者认为，《周易》先有象后有辞。天、地、水、火、雷、风、山、泽是八卦所代表的八种基本物象，没有这些物象就没有《周易》。这种由物象来象征自然人事的认识方法，是我们民族自古以来在社会实践中形成的把握世界的一种形式。这与汉字由象形演化而来的道理是相通的。否定者认为，文字的产生并不比语言晚，因此，汉字的产生应当早于八卦的出现。

汉字由仓颉创造？

相较于"河图""洛书""八卦"等起源传说，仓颉造字的史料最为丰富。

战国时期，仓颉造字的故事已广为流传，《荀子》《韩非子》《吕氏春秋》等都有记载。到西汉时期，淮南王刘安等编著《淮南子》时，已将仓颉造字的故事渲染得有声有色：

昔者仓颉作书而天雨粟，鬼夜哭。

高诱就此注曰：

仓颉始视鸟迹之文，造书契，则诈伪萌生。诈伪萌生，则去本趋末，弃耕作之业而务锥刀之利。天知其将饿，故为雨粟；鬼恐为书文所劾，故夜哭也。

这两段文字的大意是：从前仓颉造字的时候，老天下粟米雨，鬼魂在夜里哭叫。仓颉开始观察鸟兽的脚印图案，创造文字。有了文字，狡诈虚伪就开始萌生。狡诈虚伪萌生，大家就舍弃根本、追求末端，放弃农事耕作而致力于获取商业利益。老天知道人们将要挨饿，所以下了粟米雨；鬼魂害怕被文字的威力降伏，所以夜里哭叫。

最早从专业角度认定仓颉造字的是东汉时期的许慎。许慎是大学者，他在《说文解字·叙》中这样说：

> 黄帝之史仓颉，见鸟兽蹄远之迹，知分理之可相别异也，初造书契。……仓颉之初作书，盖依类象形，故谓之文；其后形声相益，即谓之字。

他说，黄帝的史官仓颉，看到鸟兽的脚印，知道不同种属的纹理是可以区分的，于是首次创造了文字。仓颉首创文字时，是依照事物的类型画出形体，所以叫作"文"；然后又依据形与声造出合体字，就叫作"字"。

许慎之后，历代史书作者都将仓颉作为确定无疑的造字者写入史书。《宋史·列传第二百·文苑三》更是将伏羲与仓颉相提并论："昔伏羲画八卦而文字之端见矣，仓颉模鸟迹而文字之形立矣。"

仓颉造字是确凿无疑的吗？

相传仓颉为黄帝的史官，原姓侯冈，名颉，号史皇氏，享年110岁。现在一般认为，仓颉是我们民族传说中的一个英雄人物，他的最大贡献是在先人的基础上最后完成了汉字的创造。或者说，仓颉是一个集合体，是所有创造汉字的先民的集合体，他身上寄托了人们对造字英雄的崇拜。正如鲁迅在《且介亭杂文·门外文谈》中所言："仓颉也不止一个，有的在刀柄上刻一点图，有的在门户上画一些画，心心相印，口口相传，文字就多起来了，史官一采集，就可以敷衍记事了。中国文字的由来，恐怕也逃不出这例子的。"

汉字是怎样产生的

前面我讲了汉字产生的几个传说，都具有神秘性，体现了人们对文字的崇拜，对造字英雄的崇敬。其实，汉字的产生经历了漫长的过程，并不是某一个人就可以完成的伟大业绩。在成熟的汉字——甲骨文产生之前，它经历了漫长的图画文阶段。

"图画文"是刻画在甲骨上的记事符号，是文字的雏形，或者称作原始文字。从现有资料看，中国最早的刻画符号出自贾湖遗址，距今有8 000多年的历史。贾湖遗址位于河南省漯河市舞阳县北舞渡镇贾湖村东侧，1962年被发现。贾湖遗址出土的甲骨契刻符号，是目前发现的与汉字起源有关的最早的实物资料。考古学家认为，这些契刻符号的刻画、笔势、形态、组合等各方面都与商朝的甲骨文基本一致，因此这些符号应该是8 000多年前贾湖人使用的文字。

比贾湖遗址晚一些的半坡遗址，是1953年考古界的重要发现。半坡遗址位于陕西西安，距今6 000年以上。考古学家从半坡遗址陶器上发现了不同的刻画符号113个。以郭沫若为代表的学者认为，这些刻画记号是具有文字性质的符号。

比半坡遗址晚一些的陵阳河遗址（位于今山东莒县）、丁公陶遗址

（位于今山东邹平）、王城岗遗址（位于今河南登封），也是 20 世纪五六十年代考古界的重大发现。这些遗址都出土了契刻符号，考古学家认为这些符号都具有早期文字的性质。王城岗遗址的刻符，被认为是有确凿时代的最早的文字。经考证，王城岗遗址属于夏朝初期遗址，距今约 4 000 年。在出土的一个陶器上，有一个刻符被认定为"共"（"拱"）字，这是迄今发现的最早的一个汉字。

"图画文"算不算文字？文字学家也有不同的看法。有的文字学家对此持肯定态度，在他们看来，汉字早在距今 8 000 年前就产生了。但有的文字学家对此持否定态度。他们认为，成熟的文字不应当用"图画"来表示意义，而应当用超越图画的自成体系的符号来表示意义。

如"人射鹿"这一信息在"图画文"阶段，就是用"人拿弓箭射鹿"这样的图解来传递：

而在成熟的文字产生后，"人射鹿"的表达方式由"人拿弓箭射鹿"的图解，变成了这样三个字：

　　尽管这三个字的字形还有很浓的图画意味，但它们已不再是用图画解释意思、传递信息，而是用文字组成句子传递信息。在这些文字学家看来，只有当人们用一个一个文字自由组合成的不同句子来表达意思时，成熟的文字才算真正产生。这样成熟的文字，在我们中国，是在距今3 000多年前的商代产生的，那就是甲骨文。

　　从贾湖遗址出土的甲骨契刻符号到商代的甲骨文，中间走过了约5 000年的历史。如果再算上贾湖遗址中甲骨契刻符号产生之前的我们并不知晓的历史，汉字的产生确实走过了漫漫长夜。

　　由此我们可以看到，无论是图画文的产生，还是汉字的最终产生，都有一个非常缓慢而复杂的过程，都是汇聚了我们祖先中无数智者的智慧才逐渐完成的。从这一点上说，我们完全可以把传说中的伏羲、仓颉看成我们祖先中无数智者的集合体。正是这个集合体的探索与实践，创造出了人类的一大奇迹——汉字。

汉字体式六种

漢

最早成体系的文字——甲骨文的发现

甲骨文，又称契文、甲骨卜辞、殷墟文字或龟甲兽骨文，因镌刻在龟甲与兽骨上而得名。甲骨文是我国已知的最早的成体系的文字，但甲骨文的发现却是很晚的事。

19 世纪末叶，古董商将一些有字甲骨带到京津等地贩卖。金石学家王懿荣于 1899 年（清光绪二十五年）对有字甲骨作出了初步的鉴定，认定这些符号为早期文字，他先后购得甲骨 1 400 多片。1902 年，王氏长子王翰甫将这些刻字甲骨转卖给学者刘鹗。此前刘氏本人也收藏了不少甲骨，二者归一，刘氏共有甲骨约 5 000 余片。学者罗振玉在刘家见到甲骨墨拓后，劝刘氏编印成书。1903 年，刘氏从藏品中选拓 1 058 片，编成《铁云藏龟》（刘鹗，字铁

云）。《铁云藏龟》是殷墟甲骨文的第一本著录书。刘氏在自序里将甲骨文称为"殷人刀笔文字"。自此，甲骨文为天下所知，引起了学术界的极大震动。

此后，一大批学者，如"四堂"（即罗振玉，号雪堂；王国维，号观堂；郭沫若，字鼎堂；董少宾，字彦堂）等都加入甲骨文的研究之中。国民政府于1928年至1936年组织专家发掘与研究甲骨文，取得很大成就。中华人民共和国成立后，甲骨文的发掘与研究取得了重大成就。至今，已发现有字甲骨约15万片，内含4 000多种不同的文字图形，已经识别的有2 000多字。

甲骨文所记载的内容极为丰富，涉及商代社会生活的方方面面，包括天文、历法、气象、地理、治国、世系、家族、人物、职官、征伐、刑狱、农业、畜牧、田猎、交通、宗教、祭祀、疾病、生育、医药、灾祸等，从中可以了解商朝人的生活情形，是研究中国古代特别是商代社会的极其珍贵的第一手资料。

甲骨文的发现，对历史学、文字学、考古学等方面都具有极其重要的意义。学者们根据甲骨文的记载进行考证和研究，证实了《史记》中《殷本纪》的可信性，把中国有据可考的历史向前推进了1 000余年。

从文字体式的角度看，甲骨文具有象形图画的痕迹，体现了文字最初阶段的稚拙和生动。这些文字线条瘦劲，曲直粗细皆备，笔画多方折；结构比较均衡对称，具有方圆结合、开合揖让的特征，显示了稳定的格局。从全篇的布局看，多数甲骨文行气贯通、大小相依、左右相应、前后呼应，具有古朴而又烂漫的情趣。

秦始皇统一天下后的文字——小篆的产生

今天一般把秦始皇统一中国（前221）前的文字统称为大篆，包括甲骨文、金文、籀（zhòu）文。甲骨文在前面我们已经作了介绍，这里介绍一下金文和籀文。

金文是指铸刻在商周时期青铜器上的铭文，也叫钟鼎文。为什么叫钟鼎文呢？因为青铜礼器以鼎为代表，乐器以钟为代表，人们就用"钟鼎"指代青铜器，刻在青铜器上的文字自然也就可以叫作钟鼎文了。

籀文是指《史籀篇》里的文字。据说，史籀是周宣王的史官。《史籀篇》是他的一部字书，后人称这部字书的字体为大篆。在秦始皇统一文字前，秦国文字中有较多籀文的痕迹。

虽然人们将秦统一文字之前的文字统称为大篆，但实际上各诸侯国文字的写法多有不同，如下图的"马"字，在几个主要诸侯国的写法就有很大的区别。

秦 齐 楚 燕 韩 赵 魏

因此，秦始皇统一中国后，为加强统治，就将统一文字的工作放在非常重要的位置。丞相李斯在秦国原来使用的大篆的基础上对文字进行简化，制定了统一的文字书写形式——小篆。东汉的许慎在《说文解字·叙》中说：

秦始皇初始天下，丞相李斯乃奏同之，

罢其不与秦文合作者。……取史籀大篆，或颇省改，所谓小篆

者也。

从文字体式的角度看，小篆为长方形，上紧下松，多数字主体部分在上大半部，下小半部是伸缩的垂脚，也有主体笔画在下部的字，上部的笔画则可以耸起；笔画横平竖直，横画和竖画等距平行，所有笔画以圆为主，圆起圆收，方中寓圆，圆中有方，使转圆活，富有奇趣；空间分割均

衡，结构对称，不仅左右对称、上下对称，而且
圆弧形笔画的左右倾斜度也对称。如鲁迅设计的
北大校徽，就是充分利用了小篆的这些特点构思
而成，象征北大人肩负着开启民智的重任。

北 大 的 校 徽

　　汉字发展到小篆阶段，轮廓、笔画、结构基
本定型，象形意味减弱，更加符号化，减少了书
写与阅读的困难。秦用小篆统一全国文字，基本
上消灭了各地文字异行的现象。此后，汉字走向全国统一的道路。

　　秦始皇统一文字，不仅有利于当时秦国的统一与发展，而且对此后中
华民族的统一与发展起到了不可估量的作用。

从象形符号到真正的语言符号——隶书的创制

秦时，小篆作为全国通用的统一文字，虽然具有绝对的权威，但由于它的书写方式较为繁难，影响了书写速度，因此民间记事常常沿用简写的方式。这些简写的字体逐步演化为后来的隶书。

关于隶书的创制，也有一些传说，流传最广的关涉三个人物：王次仲、程邈和蔡邕。

前蜀著名的道士杜光庭在他的《仙传拾遗》中，记述了王次仲创制隶书的传说：

王次仲者，古之神仙也。当周末战国之时，合纵连横之际，居大夏小夏山。以为世之篆文，功多而用寡，难以速就，四海多事，笔札所先，乃变篆籀之体为隶书。始皇既定天下，以其功利于人，征之入秦，不至。复命使召之，敕使者曰："吾削平六合，一统天下，孰敢不宾者！次仲一书生而逆天子之命，若不起，当杀之，持其首来，以正风俗，无肆其悍慢也。"诏使至山致命，次仲化为大鸟，振翼而飞。使者惊拜曰："无以复命，亦恐见杀，惟神人悯之。"鸟徘徊空中，故堕三翮，使者得之以进。始皇素好神仙之道，闻其变化，颇有悔恨。今谓之落翮山，在幽州界，乡里祠之不绝。

这段文字的大意为：王次仲是古代的神仙。周朝末年，诸侯互相攻伐，谋士到处游说，推行合纵连横的策略。王次仲为避乱世，隐居在大夏山、小夏山一带。他认为当时使用的篆书，学起来费功夫，而用处又少，并且难以在短时间内学会。而天下大乱的时候，文字的记录应当是第一位的事情。于是，他改篆书为隶书。秦始皇统一天下之后，认为王次仲创制隶书的功劳很大，对百姓有利，于是征召他入朝做官，但他不去。皇帝再次命令使者召唤他，告诫使者说："我削平了六国，统一了天下，有谁敢不臣服于我呢！王次仲不过是一个书生，竟敢违抗我这个当朝天子的命令。如果他再不肯来朝廷，就杀掉他，带着他的脑袋来复命，以匡正不良风气，绝不能放纵他的蛮横和怠慢。"使者到山中向王次仲传达了皇帝的命令，王次仲化作一只大鸟，振翅高飞而去。使者大惊，跪拜说："我没有办法回去复命，也担心自己因此被杀掉，希望得到神仙您的怜惜。"大鸟在空中回旋，掉下三根羽毛，使者得到三根羽毛，进献给皇帝复命。秦始皇一向喜欢求仙访道，听说了王次仲化作神鸟的故事，感到非常悔恨。现在人们所说的落翮山，在幽州地界，附近的百姓一直在那里供奉着王次仲，祭拜不断。

唐代书法家张怀瓘在他探讨书体的著作《书断》中，比较完整地记述了程邈创制隶书的传说：

隶书者，秦下邽人程邈所造也。邈字元岑，始为衙县狱吏，得罪，始皇幽系云阳狱中，覃思十年，益大小篆方圆而为隶书三千字。奏之，始皇善之，用为御史。以奏事繁多，篆字难成，乃用隶字。以为隶人佐书，故曰隶书。

这段文字的大意为：隶书是秦朝下邽人程邈所创造的。程邈，字元岑，最初是县衙里负责诉讼文书的小官吏。后来获罪，被秦始皇囚禁在云阳的监狱中。在监狱中，他苦思十年，改变大篆、小篆的形状线条，创造出隶书三千字。程邈将此事上报给秦始皇，始皇帝觉得这是一件极好的事，就任用程邈做御史。因为官府需要奏报的事务文书复杂繁多，用小篆难以很快完成，就改用隶书。后人认为这种新的字体是狱中卒隶用来辅助书写使用的，因此称之为隶书。

宋代学者陈思在他的书法著作《书苑菁华》中，记述了蔡邕学书写经的传说：

> 后汉蔡伯喈（jiē），入嵩山学书，于石室内得素书，八角垂芒，颇似篆籀焉，李斯、史籀等用笔势。喈得之不食三日，唯大叫欢喜，若对古人。喈遂读诵三年，妙达其理，用笔特异，汉代善书者咸称异焉。喈自书《五经》于太学，观者如市，叹美不及。

这里所说的蔡伯喈即蔡邕，东汉大学者、文学家、书法家，蔡文姬之父。这段文字的大意为：蔡邕进嵩山学习书法，在石洞里发现了写在白绢上的文字。这些字运笔锋利，八面得势，很像篆体，是李斯、史籀等人的用笔方法。蔡邕得到这些字后三天没有吃饭，只知道大喊欢喜，好像面对着古人一样。蔡邕于是诵读了三年，穷尽其中的精妙之理，所以他写的字用笔独特，与旁人不同。汉代善写书法的人都啧啧称奇。于是，蔡邕自己在太学里书写《五经》，观看的人热闹得像赶集一样，叹服羡慕不已。

上面的三个传说是否可信呢？我们恐怕要像看待汉字产生的有关传说那样来看待它们。

隶书在汉字的演变发展过程中起到了承前启后的作用。它由篆书演变而来，基本上脱离了象形的状态，使汉字变成了真正的语言符号，并且朝着简便易写的道路跨出了一大步，后来的楷体字即由此演变而来。人们将篆书看成古文字，将隶书看成今文字，正是这个道理。因为隶书有这样的作用，人们就对隶书的创制者充满崇敬之情，于是就产生了这样的一些传说。

这些传说还是有相当的现实基础的。今天的文字学研究已经证明，隶书在秦始皇统一文字前，就已在各诸侯国形成。王次仲的传说与此相符。秦始皇统一文字后，其实不只民间沿用简写字，那些官衙卒隶为快速记录、整理公文，也沿用简写。后来很有可能，朝廷命人整理了这些简写字，并正式公布使用。程邈也许就是参与整理隶书的官衙小吏。

不过，在秦代，正式的公文都用篆文书写，隶书作为一种辅助字体，社会地位很低，很少在庄重的场合使用。但秦朝覆灭后，隶书正式取代小篆，成了人们书写的主要字体。于是，"汉隶"诞生了。

蔡邕学书写经的故事，正是"汉隶"在发展过程中的一个印证。隶书从西汉到东汉，经过两百多年的使用，已经高度成熟。蔡邕生活在东汉晚期，他的隶书结构严整，体式多变，是汉隶的集大成者。蔡邕曾于汉灵帝熹平年间在太学门外的石碑上书写、刊刻儒家经典（含《周易》《尚书》《鲁诗》《仪礼》《公羊传》《论语》《春秋》），以防止典籍文字被穿凿附会，帮助学子矫正谬误。这些石碑被称为"熹平石经"，代表了汉代隶书的高水平。

以前儒家经典铭刻多用篆书，"熹平石经"是我国最早的全部用隶书铭刻的官定儒家经本。隶书由秦代的不登大雅之堂，到汉末用来铭刻儒家经典，完成了华丽转身。

从文字体式的角度看，隶书由篆书简化而来。化圆为方，化弧为直，是隶书简化的两条基本路子。与篆书相比，隶书字形扁方，左右分展，变篆字纵向取势为横向取势，收缩纵向笔势而强化横向分展；起笔蚕头，收笔燕尾，即在起笔藏（逆）锋的用笔过程中，同时将起笔过程所形成的笔画外形写成一种近似蚕头的形状，在收笔处按笔后向右上方斜向挑笔出锋。同时，隶书将点从篆书的画中独立出来，变画为点；将篆书中许多一笔盘旋连绵写成的笔画断开来写，变连为断。无论是单笔画，还是整字运笔，隶书均强调提按动作，显示笔画轨迹粗细、转承的变化，具有起、行、收三个步骤的完整过程。我们从下图"字"这个字的小篆与隶书的比较中就可以明白这些。

汉字的楷模——楷书的使用

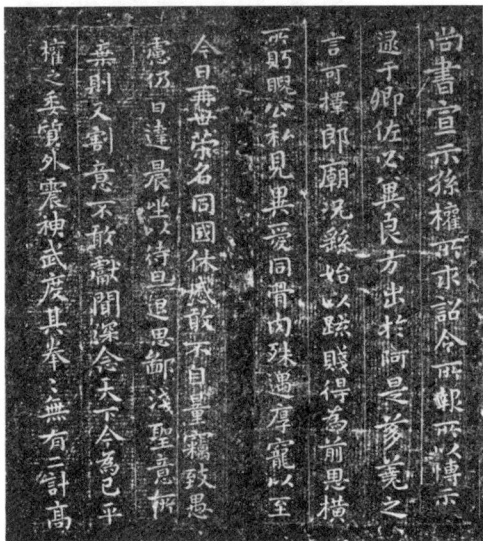

　　汉字的演变，总的来说是朝着简便易写的方向发展。到东汉末年，一种更简易的新的字体开始使用，那就是从隶书演变而来的楷书。现在一般都认为，最早的楷书书法家是汉末魏初的钟繇（yáo），我们现在能见到的最早的楷书是钟繇所书《宣示表》等帖子的临摹本。（左图为钟繇《宣示表》局部）

　　钟繇是不是楷书的创制者呢？恐怕不能完全肯定地说是，因为楷书的出现也与其他字体的出现一样，都有一个缓慢的过程，都是在人们使用的过程中逐步形成的。但我们完全可以说，钟繇作为当时的大书法家，对楷书的形成肯定起到过非常重要的作用。关于钟繇学书，民间也流传着精彩的故事。

钟繇曾与太祖曹操、文学家邯郸淳、书法家韦诞等人讨论写字运笔的方法。一次，钟繇向韦诞借阅蔡邕的《笔法》一书，韦诞不舍得借给他，钟繇就气得捶胸吐血，几乎丧命，是曹操用五灵丹救活了他。韦诞死后，钟繇让人偷偷地打开韦诞的坟墓，这才得到蔡邕的《笔法》。此后，钟繇更加潜心研究，睡在床上还要用手在被子里比画练习，把被面都划破了；上厕所时也想着书法的事，有一次待了一整天；见到各类有意味的事物，他都要用笔临摹。最后，钟繇成了书法大家。

这就是有名的钟繇盗墓的故事。

楷书虽然在汉末魏初已经形成，但一直到南北朝之后才成为普遍的社会用字。一是一种新字体的使用有一个自然推广的过程；二是到南北朝时期社会用字非常混乱，楷书能够有效地改变这种混乱。这从"楷书"之名也可以看到。"楷"即"楷模"的意思，"楷书"就是作为楷模的字或有法度的字，所以楷书又称"真书""正书"。（右图为欧阳询《九成宫醴泉铭碑》局部）

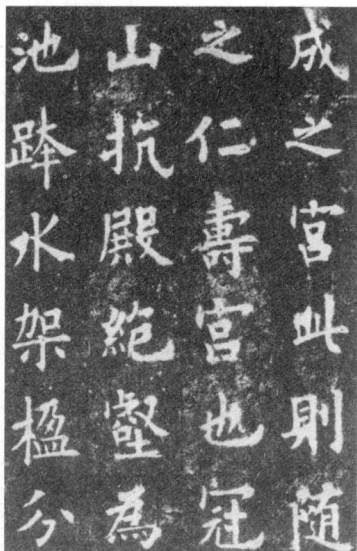

楷书发展到唐代，进入高度成熟期，诞生了著名书法家欧阳询、柳公权、颜真卿。这三家与元代的书法家赵孟頫，并称为"楷书四大家"。

从文字体式角度看，楷书笔画分明、结构方正、法度严整。

　　汉字进入楷书阶段后，字形基本上就没有什么变化了。今天我们使用的汉字，绝大多数都是宋体。宋体是在宋代为适应雕版印刷而产生的一种字体，横细竖粗，但没有改变楷书笔画分明、结构方正、法度严整的基础。在一千多年的使用过程中，人们已完全习惯了宋体，所以现代铅字印刷也基本采用宋体印刷，电子排版使用最多的字体也是宋体。现在电脑创制的一些字体，绝大多数也是以宋体为基础的。（右图为雕版宋体）

隶书的辅助书写字体——草书之源

草书最早是汉代隶书的一种辅助书写字体，就像隶书在秦代作为小篆的辅助书写字体一样，当时主要用于起草文稿和通信。草书之所以叫草书，是因为它使用了大量的简化笔法，写起来简便，但显得潦草、粗糙。草书的形成，应当与当时官衙中那些起草文书的卒隶有很大的关系。

但由于字形太简单，彼此容易混淆，所以草书不能像隶书取代篆书那样取代隶书而成为主要的字体。

大约从东晋开始，人们为了区别当时的新体草书，就称汉代的草书为章草，称新体草书为今草。

关于章草得名的说法有许多种，这里略为介绍两种较流行的说法。一种说法认为，汉元帝时期的书法家史游编写了一本识字书《急就章》（原名为《急就篇》），该书是用当时的草体书写的，因此后人就称这种草体为章草。还有一种说法认为，章草是因东汉章帝而得名的。现在多数人认为，章草是因比今草规矩、有章法而得名的。（下图为史游《急就章》局部）

今草比章草更"草",比章草更难辨认,因此,使用今草的人更少,主要是一些文人学士。唐代以后,又出现了"狂草",比今草更"草",更难辨认。这样,草书实际上慢慢演变成了一种寄情写怀的艺术,普通的实用意义已基本失去。唐代大文豪韩愈在《送高闲上人序》一文中对草书大家张旭的描述也能说明这一点:

> 张旭善草书,不治他技。喜怒窘穷,忧悲、愉佚、怨恨、思慕、酣醉、无聊、不平,有动于心,必于草书焉发之。观于物,见山水崖谷,鸟兽虫鱼,草木之花实,日月列星,风雨水火,雷霆霹雳,歌舞战斗,天地事物之变,可喜可愕,一寓于书。故旭之书,变动犹鬼神,不可端倪,以此终其身而名后世。

　　这段文字是说，张旭擅长草书，不修习别的本领。欢喜之心，愤怒之情，窘迫之时，穷途之中，无论忧郁悲伤、安逸快乐，还是怨恨、思慕、酣醉、无聊、不平，只要内心有所触动，必然用草书来抒发内心的感情。在观察事物时，看见山水崖谷、鸟兽虫鱼、草木开花结果、日月星辰、风雨水火、雷霆霹雳、歌舞战斗等情景，所有天地万物的变化，令他感到喜悦或惊讶的，全都寄寓在他的书法中。张旭的书法，如鬼神般变幻无穷，难以捉摸，他因此享誉终身并且名垂后世。（左图为张旭《古诗四帖》局部）

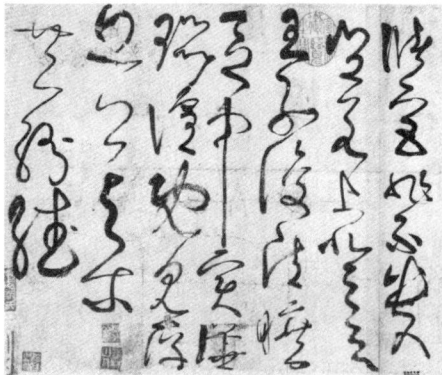

"行走"之书——行书的流行

　　东汉晚期出现了一种新的字体——行书。相传，行书是汉灵帝时的刘德升所创造的。但刘德升所创造的行书现在已经看不到了，今天我们能看到的行书，是介于楷书与今草之间的一种字体。

　　这种字体是在楷书的基础上发展而来的。它既不像楷书那样端正，又不像今草那样潦草，既能克服楷书书写速度慢的弱点，又能弥补今草难以辨认的缺陷，因此它受到了人们的广泛欢迎。为什么叫"行书"呢？唐代张怀瓘在《书断》中说，"行书者……务从简易，相间流行，故谓之行书"，就是说行书力求省简、便捷，书写的字里行间有一种流动的形态，有如行走。除书写时如"行走"之外，"行"也指它为大家所喜爱，"行走"在人们的生活之中。确实，自行书产生之后，它就成了人们普通书写时最常用的字体。也有人认为，因为书写时有的楷法多一些，有的草法多一些，所以人们称楷法多于草法的为"行楷"，称草法多于楷法的为"行草"。

　　从文字体式角度看，行书以欹侧代替楷书的平整，以圆转代替楷书的方折，以简省的笔画代替楷书繁复的点画，以勾、挑、牵丝来加强笔画间

的呼应。(右图为王羲之《兰亭集序》局部)

最早的成熟的行书是王羲之的行书。王羲之，字逸少，生活在东晋时代，祖籍琅琊（今属山东临沂），后迁会稽山阴（今浙江绍兴），因其曾领右将军，所以又称之为王右军。王羲之被誉为"书圣"，其书法兼善隶、草、楷、行各体，影响深远，代表作《兰亭集序》被誉为"天下第一行书"。他的儿子王献之也是非常有成就

的大书法家，人们遂称他们父子为"二王"。

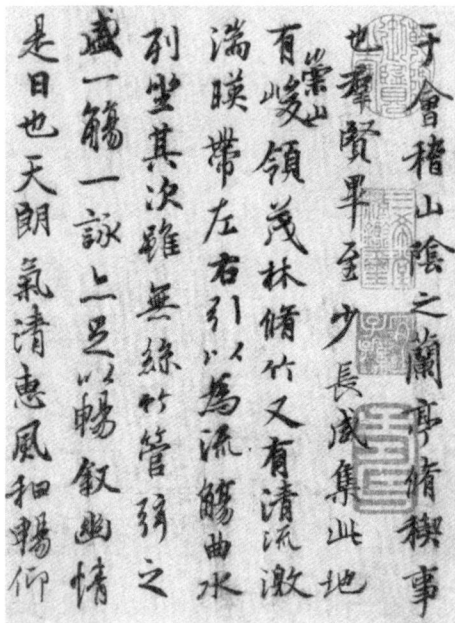

继王羲之之后，我国又诞生了许多行书大家，如唐代的颜真卿，宋代的苏轼、黄庭坚、米芾、蔡襄，元代的赵孟頫、鲜于枢，明代的祝允明、文徵明等。但在这些书法家中，关于王羲之的传说故事最多，如"东床快婿""临池学书""竹扇题字""书成换鹅""巧补春联""入木三分"等。这里讲一个王羲之"戒珠"的故事。

据说，王羲之有一颗十分珍爱的明珠。他为了让自己的十指灵活有力，增加书写的气势，时常握在手中，来回摩挲。有一天，明珠忽然不见了。去哪里了呢？王羲之开始怀疑那个寄住在他家的和尚。和尚顿感冤屈，就以"坐化"之名，绝食而死。后来，家人在宰杀白鹅时，从白鹅

的肚子里发现了那颗明珠。王羲之知道自己错怪了和尚，悔恨交加，十分悲痛。为了纪念和尚，也为了告诫自己及后人要对人赤诚，王羲之将自己的住宅和田园山林一并捐给了佛门建庙，并亲笔为寺庙题写横匾"戒珠寺"。

汉字创制方法四种

漢

大家都知道武则天造字的故事。

武则天称帝后，除了实行易帜、改服、改元等措施外，还发明了一批新字，替代原有的文字，即所谓"则天文字"。因武则天命人所作的、收录所有"则天文字"的《字海》已经失传，我们无法确切知道"则天文字"有多少。但从武则天临朝称帝、昭告天下的《改元载初敕》中可知，最初颁布通行的"则天文字"只有12个："曌""丙""埊""囸""囝""〇""雨""恖""壷""壐""秊""沤"。这12个字的原有文字分别为"照""天""地""日""月""星""君""臣""载""初""年""正"。其中的"曌"字取日月当空、光辉永放之意，被武则天用来作为自己的名字。"壷"由原来的"载（载）"字略微改换而来；"壐"取上天光明照耀人间土地之意，武则天用这两个字命名自己称帝后的第一个年号。

因为武则天造字完全是出于自己的私欲，是为了显示自己的淫威，违背了造字与用字规律，所以"则天文字"很快就被人们遗弃。

汉字是世界上唯一历史没有中断的最古老的文字，被誉为人类的一大奇迹。汉字为什么能几千年来生生不息、历久弥新？符合民族思维规律的科学的创制规律，应当是其中的一个重要原因。

最早全面总结、阐释汉字创制规律的人是东汉时期的许慎。许慎花了半生心血写成了我国第一部字典——《说文解字》。它第一次对汉字进行了全面的大总结，涉及文字学、语言学、训诂学、社会学等许多方面。因此，《说文解字》被称为古代的百科全书。

《说文解字》将汉字字形分为"文"和"字"。"文"与"字"有何区别呢？许慎解释说："独体为文，合体为字。""文"指最初的文字，是对事物形象的描画，如"｛"（人）就是描摹一个侧面站立的人形。"字"是由"文"会意而成的，如"｛｛"（从）就是由两个"人"会意而成。总的来说，汉字中"文"较少，"字"更多。打个比方来说，"文"是父母，"字"就是子女。

《说文解字》根据文字的形体，创立了540个部首，收录9 353字，并分别归入540部、14大类。许慎在《说文解字》中系统地阐述了汉字的创制规律——六书，即象形、指事、会意、形声、假借、转注。不过，后人多认为假借、转注为用字之法，因此，这里主要介绍象形、指事、会意、形声四种造字之法。

描摹图画以"象形"

　　象形字就是用描摹图画的办法画出它所指代的物体，如"⊙"（日）、"☽"（月）。但象形字毕竟不是图画，而是对所指物体的抽象描摹，因此不可能都画得像自然物体一样，而只能是一个大意罢了，是形貌相似而已。我们再看下面这些象形字，是不是都是形貌相似？

　　"Ψ"（牛）、"⅄"（羊）、"�"（马）、"ᳩ"（山）

　　"⅊"（水）、"Ӿ"（木）、"◸"（目）、"𦣻"（耳）

　　说到形貌相似，我们更要认一认那些在已有象形字的基础上再加一个象形符号而构成的新象形字，如"果""石""眉""胃"这些字。

　　"果"是在"Ӿ"上加一个像果子的象形符号"▦"；"石"字是在"厂"（本义为"山崖"）的基础上加一象形符号"𠙽"；"眉"字的篆文写作"𥄀"，是在"◸"的基础上加个象形符号"𡰣"，"𡰣"上半部分表示额头上的纹理，下半部分像眉毛；"胃"的篆文为"𦝩"，是在"𠕛"（肉）上加象形符号"⊕"。

　　根据上述这些情况，文字学家将象形字分为两大类：一类为独体象形，如人、日、月、木、山、水等；另一类为合体象形，如果、石、眉、胃等。

想象符号以"指事"

象形字是象物，指事字可以说是象事，所以人们也叫指事字为象事字。它的创制方法有两种。

一种是在现成的文字基础上增笔、损笔或变体，构成新字，如"刃""本""末""夕""尸"。"刃"是"刀"上加一点，寓指锋刃；"本"是"木"下加一指示符号，表示树根；"末"是"木"上加一指示符号，表示末梢。这几个字都是增笔指事。"夕"是"月"字减一笔，表示月亮还未放光明，寓指黄昏时分。这是减笔指事。"尸"的篆文为"尸"，是站立着的"人"的变形，寓指人已为尸。这是变体指事。

另一种是纯用想象的符号象事，如"上""下""小"。"上"字的甲骨文为"二"，下面一横做参照，用上面一短横表示上面的意思；"下"字的甲骨文为"二"，上面一横做参照，用下面一短横表示下面的意思；"小"字的甲骨文为"川"，用多个小点表示微小的意思。

相比较而言，在四种文字中，象形字与指事字并不多，指事字更少，毕竟要造出一些能让大家都明白的象物符号、指事符号是一件很难的事。但象形字与指事字是汉字的根本，会意字与形声字正是在它们的基础上产生的。

两"文"合作以"会意"

说起会意字，我们会想起《三国演义》中"绝妙好辞"的故事：

  曹操兵分三路而进：前部先锋夏侯惇，操自领中军，使曹休押后，三军陆续起行。操骑白马金鞍，玉带锦衣；武士手执大红罗销金伞盖，左右金瓜银钺，镫棒戈矛，打日月龙凤旌旗；护驾龙虎官军二万五千，分为五队，每队五千，按青、黄、赤、白、黑五色，旗幡甲马，并依本色：光辉灿烂，极其雄壮。兵出潼关，操在马上望见一簇林木，极其茂盛，问近侍曰："此何处也？"答曰："此名蓝田。林木之间，乃蔡邕庄也。今邕女蔡琰，与其夫董祀居此。"原来操素与蔡邕相善。先时其女蔡琰，乃卫仲道之妻；后被北方掳去，于北地生二子，作《胡笳十八拍》，流入中原。操深怜之，使人持千金入北方赎之。左贤王惧操之势，送蔡琰还汉。操乃以琰配与董祀为妻。当日到庄前，因想起蔡邕之事，令军马先行，操引近侍百余骑，到庄门下马。时董祀出仕于外，止有蔡琰在家，琰闻操至，忙出迎接。操至堂，琰起居毕，侍立于侧。操偶见壁间悬一碑文图轴，起身观之。问于蔡琰，琰答曰："此乃曹娥之碑也。昔和帝时，上虞有一巫者，名曹盱，能婆娑乐神；五月五日，醉舞舟中，堕江而死。其女年十四岁，绕江啼哭七昼夜，跳入波中；后五日，负父之尸浮于江面；里人葬之江边。上虞令度尚奏闻朝廷，表为孝女。度尚令邯郸淳作文镌碑以记其事。时邯郸淳年方十三岁，文不加点，一挥而就，立石墓侧，时人奇之。妾父蔡邕闻而往观，时日已暮，乃于暗中以手摸碑文而读之，索笔大书八字于其背。后人镌石，并镌此八字。"操读八字云："黄绢幼妇，外孙齑臼。"操问琰曰："汝解此意否？"琰曰："虽先人遗笔，妾实不解其意。"操回顾众谋士曰："汝等解否？"众皆不能答。于内一人出曰："某已解其意。"操视之，乃主簿杨修也。操曰："卿且勿言，容吾思之。"遂辞了蔡琰，引众出庄。上马行三里，忽省悟，笑谓修曰："卿试言之。"修曰："此隐语耳。'黄绢'乃颜色之丝也：色旁加丝，是'绝'字。'幼妇'者，少女也：女旁少字，是'妙'字。外孙乃女之子也：女旁子字，是'好'字。'齑臼'乃受五辛之器也：受旁辛字，是'辞（辤）'字。总而言之，是'绝妙好辞'四字。"操大惊曰："正合孤意！"众皆叹美杨修才识之敏。

这个故事是古代大量字谜故事中的一个。古代字谜故事的产生，既与人们对汉字的痴迷有关，又与汉字的会意法有关。但字谜故事中的会意往往与汉字造字时的会意有出入，如这个"绝妙好辞"的故事，其中"绝"

与"辞"的会意基本上与这两个字造字时所会之本义无关。

会意字的创制方法就是将两个可以建立紧密的意义关联的"文"或象形符号、象事符号会意成具有新意的"字"，简单地说就是两个"文"的合作，如前面所说的"从"。再如"众"为三"人"相会，意为人多；"林"为两"木"相会，意为树林；"森"为三"木"相会，意为森林。再如"日""月"相会为"明"，三"日"相会为"晶"，"鱼""羊"相会为"鲜"，三"石"相会为"磊"，"小""大"相会为"尖"，"小""土"相会为"尘"。

人们称会意字中相会的"文"或象形符号、象事符号为"意符"，因此我们也可以说，会意字就是由两个及以上的意符会意而成的字。与象形字、指事字相比，会意字要多得多。

"绝"的篆文是"𢇛"，由"糸"（丝）、"刀"（刀）、"卪"（卪）几个意符会意而成，即用刀割断丝缕，表示断绝的意思。隶书写作"絶"，将篆文右边的"刀""卪"误写成"色"，即"色"。而"色"的篆文是"色"，上部是"卪"，下部是"卪"（"卪"的变形），表示男女相亲相悦。可见，故事中将"绝"解释为"黄绢"并不是"绝"字的本义。

"妙"确实是"少""女"会意而成，指年轻的女子，表示美好的意思。

"好"确实是"女""子"会意而成，指女子姿容娇好，表示美好的意思。

"辞"的金文由"𤔔"（理清乱丝）和"司"（即"司"字，执法）两个意符构成，会合起来表示辨理讼辞。"辞"的篆文为"辭"，繁体楷书为"辭"（异体字为"辤"），现在我们使用的是简体楷书。由此可见，故事中将"辞"解释为"受五辛之器"也并不是"辞"的本义。

　　由于汉字在几千年的使用中总体上由繁而简，特别是在楷化之后，一些意符已很难辨识。因此，人们常常望"文"生义也就在所难免。民间流传的精彩字谜，就有不少是望"文"生义的结果。

且意且音为"形声"

俗语说："认字认一边，不用问先生。"这句话有一定的道理，它的道理来自我们的汉字在造字时使用了形声法，即用意符与声符造成新字。

"意符"在前面已经讲过，简单说就是"表意"。"声符"就是指创制形声字时用来表示读音的符号，简单说就是"标音"，如"伙"字中的"火"、"清"字中的"青"、"枫"字中的"风"、"忠"字中的"中"、"怖"字中的"布"、"牲"字中的"生"等。但许多形声字现在的读音与它的声符的读音并不完全一致，有的稍有出入，如"河""防""祥"等；有的则出入很大，如"浑""啸""海""灿""懈""衡"等。这主要有两个原因：一个是这些声符在造字时就有异读，如"懈"中的"解"、"海"中的"每"等；另一个是古今语音的差异，如"衡"中的"行"。当了解了这些后，我们对那句"认字认一边，不用问先生"的俗语就不能完全信以为真了。

形声字的造字方法有非常大的优势，它使得汉字的创制变得更加方便。形声字的造字方法首先突破了象形、指事和会意造字法的局限，使许多无形可象、有意难会的事物可以用形声的方式来表示，同时形声造字法

还弥补了象形、指事和会意造字法不能直接标声的缺陷。所以汉字中 80%
以上的字是形声字。总之，形声字的产生，使得汉字的生命力更加强大。

形声字的优势在民间关于文字的故事中也大显身手。像下面这个周瑜
与诸葛亮"斗诗"的故事就是一例。

周瑜在与诸葛亮的比试中，常常略输一筹，以致发出"既生瑜，何
生亮"的长叹。一天，他自忖诗才高于诸葛亮，于是想出了一条妙计：与
诸葛亮对诗。

诸葛亮早知周瑜的心意，便故意说："谁输了就砍谁的头。"周瑜大
喜，忙说："君子无戏言，戏言非君子。"

鲁肃见状，不觉为诸葛亮捏一把汗。诸葛亮却反拉着鲁肃的手说：
"子敬也算一个。"

周瑜先出诗一首："有水也是溪，无水也是奚。去掉溪边水，加鸟便
是鸡。得志猫儿雄过虎，落毛凤凰不如鸡。"（"鸡"的繁体字为"鷄"）

诸葛亮稍作沉吟，说道："有木也是棋，无木也是其。去掉棋边木，
加欠便是欺。龙游浅水遭虾戏，虎落平阳被犬欺。"

周瑜一听诸葛亮骂自己是虾犬，便大怒。鲁肃急忙劝解："有水也是
湘，无水也是相。去掉湘边水，加雨便是霜。各人自扫门前雪，莫管他人
瓦上霜。"

但周瑜还是怒气难消，便又吟诗一首："有目也是眮，无目也是丑。
去掉眮边目，加女便是妞。隆中女子生得丑，百里难挑一个妞。"（"瞅"
的异体字是"眮"）

传说诸葛亮的夫人很丑。诸葛亮一听周瑜奚落自己的夫人，就毫不客
气地吟道："有木也是桥，无木也是乔。去掉桥边木，加女便是娇。江东

美女数二乔，难护铜雀不锁娇。"

原来曹操击败袁绍后营建邺都，修建了铜雀、金虎、冰井三台。铜雀台在三台中间，是曹氏父子活动的中心。二乔是乔公的两个女儿，是江东大美女，大乔嫁孙策，二乔嫁周瑜。诸葛亮的诗是说未来二乔将会被曹操俘获。这一下让周瑜暴跳如雷。

鲁肃赶忙上前劝阻："都督息怒！我有一诗奉献：'有木也是槽，无木也是曹。去掉槽边木，加米便是糟。今日这事在破曹，龙虎相残大事糟。'"

鲁肃以诗指点，周瑜恍然大悟，随即与诸葛亮共议破曹妙计。

这个故事借助"溪""鸂""棋""欺""湘""霜""眶""妞""桥""娇""槽""糟"等字的形声特点，产生了浓郁的情趣。

汉字与汉语

漢

汉语的概念

什么叫"汉语"？

汉语即汉族的语言，又称汉文、中文、华文、中国语、中国话。汉语是我国通用语言，且为国际通用语言之一。

汉语历史悠久，使用人数最多，现在世界上使用汉语的人数在 15 亿以上，占据世界总人口的 20% 以上。

汉语是中国的官方语言，是新加坡四种官方语言之一，也是联合国六种工作语言之一。

汉语主要流通于中国，以及新加坡、马来西亚、日本、缅甸、泰国、美国、加拿大、澳大利亚、新西兰等国的华人社区。

汉语有古今之分，古代的叫古代汉语，现代的叫现代汉语。

汉语包含口语和书面语两部分，古代书面汉语被称为文言文，现代书面汉语被称为白话文。

汉语有标准语和方言之分。现代汉语即普通话，以北京语音为标准音，以北方方言为基础方言，以典范的现代白话文著作为语法规范。

汉语的方言即各个地方的汉语。汉语方言一般划分为十大方言：官话方言（北方方言）、晋方言、粤方言、湘方言、吴方言、徽方言、赣方言、客家方言、闽方言、平话土话。

汉字是记录汉语的符号

文字是记录语言的符号，汉字就是记录汉语的符号。

但汉字与汉语的历史是不一样长的。汉语的历史与汉族的历史一样长久，而汉字的历史却要晚得多。从考古发掘的出土文字资料来看，甲骨文是迄今为止所发现的最早的成熟文字。我们今天使用的汉字是由甲骨文演变而来的。也就是说，我们现在记录汉语的汉字，只有 3 000 多年的历史。

因为汉语是单音节语种，而汉字一字一音，这样汉语与汉字形成音节的高度契合，所以一个字往往就是一个词，字词合一。这与英文等文字是极不相同的。

因为汉字是由汉语思维创造的表意文字体系，所以汉字能极好地表现汉语的语意，具有极强的表现力。

因为上述两点，我们很多人在说到汉字时往往就把它等同于汉语，在说到汉语时往往就把它等同于汉字。

汉语是中国人的母语

周初分封八百诸侯，"五方之民，言语不通"（《礼记·王制》），全国没有统一的语言。西周的都城镐京在今陕西西安一带，所以以陕西语音为标准音的周王朝的官话，在当时被称作"雅言"。雅，正也。雅言，就是正音、标准语、共同语的意思。西周以后，随着国都的迁移，周王朝进入东周时期，雅言的基础方言也随之修正，洛阳雅言成为汉语的普通话。如孔子本人是鲁国人，其弟子三千，来自各国，各人所操语言不同，那么孔子用什么语言来讲学呢？据《论语·述而》记载："子所雅言，《诗》、《书》、执礼，皆雅言也。"孔子在诵读《诗》《书》和赞礼时，用的都是当时的洛阳雅言。

中国古人一直重视各地方言的统一，以洛阳话为标准音的雅言历时长达 4 000 多年之久。可见，汉语的历史是多么悠久啊！

那为什么要叫"汉语"呢？因为由几十个民族构成的中华民族长期一起生活在黄河中下游以洛阳为中心的中原地区，不同民族在进行政治、经济、文化交流时有必要加上前饰"汉"，以与其他语言区别。具体地说，一般认为有两种可能：一种是外族人为了区别自己的语言，比如北朝时鲜卑族人把中原地区汉族人的语言叫作"汉语";另一种是出使、留学到异邦异族的官员、学者为了区别中原地区汉族人的语言与其他语言,称自己的语言为"汉语"。

自《尔雅》之后,历代学者撰写了无数记录、研究汉语的典籍。如东汉许慎的《说文解字》系统地阐述了汉字的造字规律——六书,总结了先秦、两汉文学的成果,给我们保存了汉字的形、音、义,是研究甲骨文、金文和古音不可缺少的桥梁。

唐、五代时,学者撰韵书《唐韵》《切韵》,字书《玉篇》《字林》,收录了唐宋间新出现的汉字,可惜它们有的已亡佚,有的仅存残卷。

北宋时官修的韵书《广韵》,所收之字按平、上、去、入分成四部,平声因字多分上、下两卷,上、去、入各一卷,是研究古汉语语音的重要参考资料。

重要的语言类工具书还有宋朝的《集韵》,清朝的《康熙字典》《经传释词》,民国到现在经历多次修订的《辞源》《辞海》《汉语大字典》《中华大字典》等。

一代代学者皓首穷经、焚膏继晷、孜孜以求所完成的这些辞书典籍,巩固、发展了汉语语音、语义、语法的规范,汉语的纯正性和生命力得以保持,这门历史悠久的语言遂成为世界上唯一没有中断过历史的语言。

汉语维系着中华民族这个大家庭,汉语是中国人的母语。

汉字三美

漢

不同的文字具有不同的特征。在与世界诸多文字的比较中，汉字呈现了它独有的美丽。鲁迅先生曾在《汉文学史纲要》中说：汉字有三美，"意美以感心，一也；音美以感耳，二也；形美以感目，三也"。这就是说，汉字是意、音、形"三美"的统一体。

感心之意美

文字是用来记录语言的符号，因此文字表达语言的意义是它的第一要义。在表达语言意义上，汉字显现出了以下几个特征。

◇ 一是简洁之美

联合国的决议文本常常要用多种文字存档。人们发现，这些存档文本中，汉语文本的篇幅常常是最少的。为什么？因为汉字能以最少的字表达最丰富的内容。众所周知，现代汉语的常用字仅3 000个，古代汉语的常用字则更少。而现在一个高中毕业生需要记忆的英语单词就有4 000多个。汉字之所以简洁，最关键的原因是，汉字几乎每个字都有独立的意义，并且具有随时代发展的需要与其他字组合成新词的能力。如"电"字，在以收录古代汉语词汇为主的大型辞书《辞源》中，以"电"字开头的词语仅 9 个，而在《现代汉语词典》中则有 100 多个：电话、电影、电视、电脑、电信、电商、电容、电梯、电扇、电椅、电大、电源、电器、电流、电铃、电煤、电疗、电视剧、电视机、电视台、电影院、电子表、电子书、电子秤、电磁炉、电饭锅、电子琴、电热水器、电磁感应、电视大学、电子货币、电子商务、电子邮箱、电子辞典、电子图书、电子警察、电子签名、电子计算机……

◇ 二是丰富之美

汉字的丰富之美表现在两大方面。

一个方面是近义字丰富。如与"看"近义的字就有"见""瞧""视""睹""眺""望""盼""顾""瞰""窥""盯""瞟""瞪""瞄""瞥""览""阅""观"等。

另一方面是绝大多数汉字都是多义的，有的汉字甚至具有无限丰富的意义。如"打"字，我们可以说是"'打'遍天下"：打牌、打麻将、打篮球、打排球；打桌子、打椅子、打沙发、打锄头、打镰刀；打井、打洞、打孔；打酱油、打醋、打饭、打菜；打听、打探、打量、打赌、打盹、打颤、打哆嗦、打瞌睡、打喷嚏、打饱嗝、打哈哈、打官司、打秋风、打招呼、打折扣、打小算盘、打马虎眼、打心眼里高兴；打趣、打情骂俏；打字、打字员；打电话、打电报、打手机……

◇ 三是诗性之美

美国语言学家费诺罗萨在他撰写的《汉字作为诗歌的媒体》中指出："汉字及句子主要是大自然中行动和程序的活跃的速写。它们蕴藉着真正的诗……最好的诗不但表现了自然的形象，并且还渗透出崇高的思想、精神的暗涵和隐在的多种关系。大多数的自然真理是暗藏在视觉不可见的微观程序中……汉文以力度和美涵盖了这一切。"费诺罗萨确实触摸到了汉字的一个重要特征——诗性特征。

中国哲学的基调之一是"天人合一",把非生物、植物、动物及人类的灵魂统统视为宇宙巨流中息息相关乃至相互交融的事物。这样,作为记录语言的汉字,就处处构成天人之间的暗喻关系。暗喻作为一种手段,或是借一事物把本来可以说明白的说得含蓄些,或是借一事物把本来说不明白的说得明白点。汉字的象征特性,使它具有浓厚的暗喻色彩,这也就使得它获得了诗的禀性。"诗的思维通过暗示来工作,将最大量的意义压进一个句子,使它孕育、充电、自内发光。在汉语里,每个字都聚存着这种能量。"(《汉字作为诗歌的媒体》)

中国哲学,无论是先秦诸子百家的哪一家,都对模糊真理有较强的包容倾向,表现在语言上就是简约而富有弹性、信息丰富多元、解读空间呈开放状。这就决定了汉字表意的诗性特征:话中话,潜台词,言外不尽之意。金克木先生曾说:"中国人历来大多讲求不明白,或说含糊,说话常闹边界纠纷,往往把明白讲成不明白……所谓'妙不可言'。"

香港著名语言文字学家安子介先生从汉字的结构中描绘出"一幅初民的生涯图",因为"每个汉字都是一篇文,一首诗,一幅画"。当这样的汉字作为语汇进入语言之后,它们就不仅是固定的象征性符号了,还会随语言的流动酿造出无穷的意蕴,散发出更多的象外之旨、弦外之音。

诗性有人类普遍认同的高贵性,所以人们爱把各种美好的境界称为诗的境界,爱把美的语言称为诗的语言,爱把美的想象、美的品格、美的心情、美的形式称为诗的想象、诗的品格、诗的心情、诗的形式。由此也可想见，汉字的诗性特征是它产生感人心魄的"意美"的重要原因。

◇ **四是哲理之美**

汉字不只是诗性的，还是充满哲理的。仔细观察汉字，我们可以发现汉字哲理的三美。

一是系统思维的思维方式美。系统思维也叫整体观、全局观，就是把认识对象作为系统进行综合考察，从中寻找到规律，进而整体地、综合地、立体地把握认识对象的一种思维方法。系统思维能极大地简化人们对事物的认知，给人们带来对事物的整体观、全局观。《周易》的思维方法可以说是最古老的系统思维方法，它用八卦（天、地、水、火、雷、风、山、泽）将世界系统化。中医阴阳理论其实也是系统思维。系统思维在现代社会的应用比比皆是，现在所谓的"云"思维也是系统思维。汉字背后的系统思维，主要体现在它的取类思维。前面我们讲过，许慎的《说文解字》将9 353个字分别归入540部、14大类。许慎的一个重大贡献就是发现并阐释了汉字背后隐藏的系统思维的秘密，如将与"人"有关的看得见、摸得着的人事置于"人"类，将与"心"有关的人的情事纳入"情"类，将与"水"有关的事物置于"水"类，将与木有关的事物置于"木"类……在这样的不断取类中，汉字就将世界有系统地、有类别地、整体地象形化了。这也是我们的字典在编排时要按部首编排的内在原因，因为部首是类首。

二是集体思维的社会意义之美。集体思维又称群体思维，它体现一个团体、一个群族、一个社会体的共性思维特征。这些共性思维特征背后往往隐藏着一个社会共同体的追求，具有社会意义之美。汉字"意美"的很大一部分原因是它承载了我们中国人作为社会共同体的社会追求之美。比如"修身"的"修"字，篆文为"𢑃"，是"𠂤"与"彡"的组合。"𠂤"即"攸"，意思是一只手拿着一根树杈打人；"彡"，是装饰的意思。两者结合而成洗涤人体污垢，为其装饰，使其美好的意思。所以"修"字体现了人们对完善、完美的共同追求，这一点从与"修"有关的一系列词语中也可以看出：修身、修善、修敬、修养、修学、修业、修行；修饰、修治、修缮、修剪；修书、修史；修建、修筑……如果我们仔细探求，就会发现，绝大多数汉字都隐藏着我们民族的共同愿望，这正是它的社会意义之美。

　　三是审美思维的审美意识之美。审美意识包括感知、感受、趣味、理想、标准等各个方面，从汉字中可以发现我们民族在这些方面的种种审美意识。如"美"字，甲骨文是"𦍋"，由"𦍌"（羊）、"大"（大）会意而成。"羊""大"为"美"就体现了我们民族审美意识的三个重要原点：（1）味觉。许慎在《说文解字》中说："美，甘也。"即"硕大之羊，肉味甘甜"是美的。也就是说，"美"字最初表达的是人们对"甘"这一味觉经验的审美感受。（2）视觉。形象丰硕、羊毛浓密、臕肥体壮，给人一种旺盛的生命力感受。杨辛等编写的《美学基本原理纲要》中说："羊身上有些形式特征，如角的对称、毛的卷曲都富有装饰趣味。甲骨文的'羊'，洗练地表现了羊的外部特征，特别是头部特征，从羊角上表现了一种对称的美，不少甲骨文中的'羊'字就是一些图案化的美丽的羊头。"（3）心觉。"美"字也可以看作一个人修饰打扮成羊首的形状，用来表示美丽、美好的意思。为什么装饰成羊首的形状就美丽？因为羊肉好吃、肥美之羊好看，"羊"慢慢就成了美的化身。从味觉到视觉到心觉，正是人类审美意识起源与发展的基本理路。汉字"美"的构造正是这一理路的最典型的实例。再如"善"字，金文是"𦎤"，由"𦍌"（羊）、"𧮫𧮫"（两个"言"）会意而成，后来简化掉一个"言"字。"善"的本义是"膳"，即羊肉味美，引申为美食。"羊""大"为"美"，先民们以大而肥的羊为美，最初是从味觉的愉悦方面感受美的。"羊""言"为"善"，就是"言""羊"为"善"，说羊为美好的肉食，扩而大之，就是表示所有美好的食物，这也是从味觉的愉悦方面感受美。随着人类的审美意识仅从单纯的官能性感受中产生到超越生理的官能性局限，向着具有广泛社会意义和伦理意义的各方面扩展，"善"就几乎成了美的代名词。这时，"善"字表示美食的最初意义已推给了"膳"字承担，自己则承担了表示一切能给人的精神和物质生活方面带来美感的对象，诸如山川溪谷、草木禽兽、高官厚禄、仁义礼智信、文人贤士、英雄豪侠……这些于人的精神和物质生活有用的对象，几乎都可以说是善的、美的。时至今日，人们的审美意识中一般都还是以善为美的成分居多。这里我们举"美""善"两例，即可看到汉字背后确实蕴藏着我们民族丰厚的审美意识。

感耳之音美

汉字的音韵美在世界文字中也是独一无二的，这里也谈三个突出特征。

◇ 一是抑扬顿挫之美

汉字一个字一个音节，每个音节一个声调，使得汉字组合成句子时，就产生了一种独特的抑扬顿挫之美。这种抑扬顿挫之美，体现在我们的文学中，就产生了世界上最独特的"对联""律诗""绝句"等形式。因此，"对联"自五代产生以来，就一直为人们所喜爱；"律诗""绝句"自唐代产生以来，就一直是古代诗人们醉心沉吟的所在。

◇ 二是回环节奏与双关情趣之美

汉字的同音字、近音字很多，3 500 个常用字仅 400 多个音节，也就是说平常我们说话、写文章时差不多每 10 个字就有一个相同的音节，这固然带来了一些表意上的不便，但更增添了汉字的音韵之美——复音、谐音产生的回环节奏与双关情趣之美。

我们先看一段同音字奇文，这是清华四大导师之一、被誉为中国现代语言学之父的赵元任先生写的三段同音字奇文中的第一段：

施氏食狮史

石室诗士施氏，嗜狮，誓食十狮。氏时时适市视狮。十时，适十狮适市。是时，适施氏适市。氏视是十狮，恃矢势，使是十狮逝世。氏拾是十狮尸，适石室。石室湿，氏使侍拭石室。石室拭，氏始试食是十狮尸。食时，始识是十狮尸，实十石狮尸。试释是事。

这段文字的大意是：住在石头房子里的诗人施先生喜欢吃狮子，发誓要吃十头狮子。施先生经常到市场上观察狮子。（一天）十点钟的时候，正好市场上来了十头狮子。这时候，恰好施先生也来到了市场上。施先生观察这十头狮子，并依仗弓箭的力量，把这十头狮子射死。他拾起这十头狮子的尸体，回到石头房子里。石头房子里很潮湿，他吩咐仆人擦拭石头房子。石头房子被擦拭干净后，他开始试吃这十头狮子的尸体。吃的时候，才发现这十头狮子的尸体，实际上是十个石头狮子的尸体。请尝试解释这件事情。

赵元任写这段奇文的目的是什么？说法很多，这里不作介绍。这里只想以之来说明，同音字的并置会产生语音奇效。如果一连串的同音字放在一起，它的音乐效果就会极强，就会产生回环复沓之美。这段文字当然是一种极端情况，但汉语较多的同音字使汉字的连缀使用产生更强的音乐效果则是不言自明的。

因同音而产生语意双关的效果，在诗词中也大量存在。刘禹锡的《竹枝词》即是一例：

杨柳青青江水平，闻郎江上踏歌声。

东边日出西边雨，道是无晴却有晴。

这里的"无晴""有晴"就是一语双关，暗含"无情""有情"之意。

◇ 三是妙传天籁之美

汉字一个字一个音节，使它在模音拟声方面更加灵动自由，更有表现力，使人产生如临其境、如闻其声之感。像"关关"（《诗经》"关关雎鸠"）、"恰恰"（杜甫"自在娇莺恰恰啼"），再如"啾啾""萧萧""淙淙""潺潺""哗哗""涓涓""汩汩""猎猎""呼呼"，再如"丁东""丁丁东东""东东丁丁""丁东东""东丁丁""丁东丁东"，都具有这样的效果。

著名语言学家、《共产党宣言》的首位中文翻译者、复旦大学原校长陈望道先生在《修辞学发凡》一书中说："象物音中有字音仿佛事物声音的，如'滴'字的音同雨下注阶的音相近，'击'字的音同持械敲门的音相近，'流'字的音同急水下注的音相近，又如'湫'字的音近于池水的声音，'瀑'字的音近于瀑布的声音之类。"像"滴""击""流""湫""瀑"这一类汉字并不是完全拟音的字，但一样具有拟音的效果，这是汉字中将声、形、义完美统一的典范字。它们既拟声，又象形，蕴含的语义更带给人感性的激发与理性的启迪，让人在领略大自然的美景之时，不仅有生理官能的享受，而且获得精神世界的愉悦，在情与思的感怀与体验中产生美的遐思。汉字的这种特征，是民族大灵大智的体现。

感目之形美

汉字之美最先引人注目的当然是形美，因为"每个汉字都是一篇文，一首诗，一幅画"。我们先看"木""本""林""枝"这四个汉字从小篆→隶书→楷书→行书→草书→宋体的变化：

　　"木""本""林""枝"四字分别为象形字、指事字、会意字、形声字，但无论是哪一种方法造出的字，无论是哪一种字体，都在人的眼前展现出一幅生动的图画："木"就像生长的一棵树，"本"就像深深地埋于地下的树根，"林"就像立于大地的一片树林，"枝"就像伸展开来的长长的树枝。汉字的这种形象感，直接启示着读者去赏读。日本幼儿国语教育会名誉会长石井勋博士在给中国一位学者的信中曾这样说："我们日本人能用日语读汉字，也可以用英语和德语读汉字，所以在美国有这样一种实验，让人们用汉字学英语比用罗马字学英语效果更好。所以我认为世界上的人们如果都能使用汉字，即使语言不通，也可以交流情感。我一点也不懂汉语，但却能理解您信中的内容，我想如果世界上的人们都能这样的话，该有多好啊！"石井勋博士所说的情况，其实与我们国内的情况相似：天南海北的人说着不同的方言，用不同的读音读同一个汉字，但都知道这个汉字是什么意思。汉字为什么会有这样的功能？最大的原因是它以图画示人，以形象表意，以形象使人产生想象与联想。

　　诺贝尔物理学奖获得者杨振宁先生曾说，他4岁时就开始背诵启蒙读本《龙文鞭影》。那时，他并不了解里面到底讲了什么，但汉字的一笔一画构成的图画却放飞了他的想象。他认为，汉字的形象感培育了他的想象力。

　　汉字的"形美"其实不只是一个一个汉字单独呈现出来的形象，更是一个一个汉字关联起来形成的形象画廊。复旦大学葛兆光教授曾在《中国思想史·作为思想史的汉字》中有这样的分析：

　　"文"的象征性总是使这个"字"与原初的形象有所联系，使人们一看之下就可以体会它的大体意思……常常可以从其可感知的表象出发，产生相当广泛的联想……以隐喻的方式进行联系。例如"木"作为"类名"，本来是植物的抽象名称，那么在"木"为意符的字中应该都是树木，如梅、李、桃、桂等等，但是实际上，在汉字中，"木"这一类名的范围却远远超出了树木，它可以是树木的一部分，如"本""末"；可以是以树木为原料的建筑部件及各种用具，如"柱""楹""杠""栅"；还可以是与树木有关的某些性质与特征，如"桨"（木弱貌）、"枎"（木少盛貌）、"朵"（树木垂朵朵）、"枉"（邪曲貌）、"柔"（木曲直）、"枯"（槁也）；甚至还可以是与树木并不直接有关，但可以从树木引申的其他现象，如"杲"（日在木上，明也）、"杳"（日在木下，冥也），特别是"东"，本来是"日在木中"，象征太阳初起的方向，"木"最多是一种背景……

　　在古代中国不仅常常可以通过联想，借助隐喻，然后由表示同类意义的意符系连起一批汉字，也常常可以由一个汉字的内涵延伸贯穿起一连串的意义，使它们之间似乎也有某种神秘的联系。

　　如果再深入汉字形象的内部，我们还会发现，汉字的结构阐释着丰富的美学原理。

　　整齐之美。形式美的基本特征之一是整齐，整齐给人以稳定、庄重、肃穆的心理感受。在世界各种文字中，汉字是整齐的典范。主笔画讲究平直，斜曲笔画讲究配合、呼应，使得整字比例适当，疏密匀称，形成整饬的平面方块结构。

参差之美。与整齐美相对的是参差美。如果汉字只是整齐，那就缺少变化，缺乏灵动。但汉字在整齐中富于参差变化。每个字字内相同性质的笔画，通过长短与方向的变化形成参差，如"春"字有五横，但在楷书中每一横的长短都不同，方向也略有差异；不同字之间由笔画的曲直及组合方式不同形成参差，任何两个不同的字排列在一起都会形成这种效果；许多字排列在一起形成整体方块的同时，因不同字的形态之别而形成万千参差。

对称与均衡之美。自然界的一大法则就是对称，对称普遍存在于自然界。人类在漫长的进化中，为自然界的对称所化育，于是形成了以对称为美的法则。汉字作为人类的一大奇迹，自然也表现着先民们对对称的理解与阐释：整字对称，不仅对称关系中的笔画量相等，而且各自距中轴线等距，几乎所有由直线条构成的字都具有这样的对称特征，如"中""甲""日""画""工""曲""同""量"等；局部对称，即部分线条对称、点对称、撇捺对称，如"大""小""文""太""奈""变"等。当然，汉字也有相当一些并不对称，但却因偏旁的比例协调而形成均衡的特征。对称与均衡的结合，使得汉字的整体结构臻于和谐的至境。

动静相生之美。个体汉字的书写，底部有两个以上支撑点（包括长线支撑）的字占了多数，其他如"气""户""产""弋"等是少数。这样就决定了汉字书写整体上稳如泰山、静若秋水，但每个字内部的正欹、曲直变化，不同字之间的笔画多寡、形状差异，形成字体内部及外部的呼应与避让，与整体的稳重、安静形成映照，动静相生，使汉字在沉静中显出生命的律动之美。

在这里最后要说，汉字独特的"形美"，是汉字书法成为世界书法之最的根本原因。（下图为赵孟頫《洛神赋》局部）

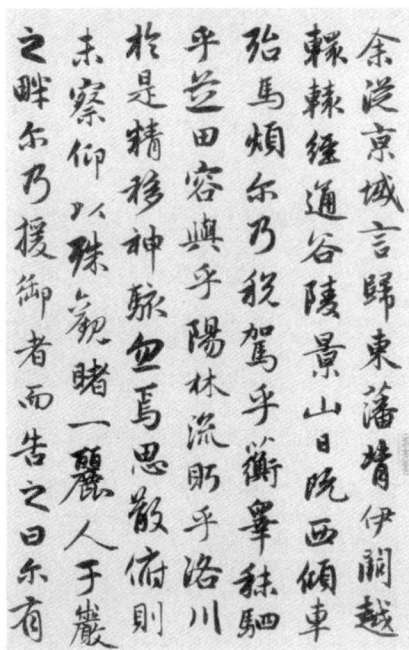

汉字日用五趣

漢

谐 音 之 趣

　　谐音就是借助汉字同音或近音的条件，用同音或近音字代替本字，产生妙趣。谐音在我们日常生活中有着非常广泛的应用。

　　倒贴"福"字，谐音"福到了"；门楣、家具等用五只蝙蝠图案装饰，寓意"五福（长寿、富贵、康宁、好德、善终）临门"；大堂里挂一幅"鹿伏古树"图，意为"福、禄、寿"三禧，或挂一幅"海棠、荷花、飞燕"图，意为"河清海晏"；枕头上绣石榴、牡丹，因石榴多籽、牡丹富贵之意，寓意"多子多福"；婚礼中用核桃、红枣、花生、桂圆、栗子、柿饼等物，祝愿夫妇和气、早生贵子、事事如意、圆圆满满……

　　人们祈盼长寿安康、子嗣兴旺、福禄丰饶、喜悦吉庆，于是与此相关的可以用来表达祝福或消除灾祸的各种事物，便都借汉字的同音或近音的条件得到表达，难怪我们衣食住行的各个方面都有无数的谐音现象。从谐音歇后语即可见一斑：炒咸菜不放酱油——有言在先（有盐在先）；吃饺子不吃馅——调皮（挑皮）；从河南到湖南——难上加难（南上加南）；唱戏的骑马——不行（步行）；打灯笼搬石头——照办（照搬）；大水冲走土地庙——留神（流神）；小葱拌豆腐——一清二白（一青二白）；打破砂锅——问到底（璺到底）；灯盏无油——枉费心（枉费芯）；西瓜地里散步——左右逢源（左右逢圆）；脱了旧鞋换新鞋——改邪归正（改鞋归正）；麻布袋草布袋——一代不如一代（一袋不如一袋）；碗底的豆子——历历在目（粒粒在目）；卖布不带尺——存心不良（存心不量）；穷木匠开张——只有一句（只有一锯）；砖窑里失火——谣言（窑烟）；钟馗嫁妹——鬼混（鬼婚）；货轮出海——外行（外航）；一二三五六——没事（没四）；一丈二加八尺——仰仗（两丈）……

谐音在翻译外语时若应用得好，也会产生奇效。如"宝马"，德文为Bayerische Motoren Werke AG，直译为"巴伐利亚发动机制造厂股份有限公司"，意译为"宝马"。再如"可乐"，英文为Coca-Cola，译为"可乐"即取Cola的谐音。

在民间，谐音故事有许多，兹略举两例。

传说宋代大学士苏东坡一日郊游，适逢许多农夫在挑塘泥肥田。他信步走上一条小田埂，不料迎面碰上一个挑泥的农妇。两人相对，谁也不肯让路。苏学士口出大言道："万般皆下品，唯有读书高。我是读书人，你一妇人家应当给我让路。"那农妇一笑，说："你既然自称读书人，应当能对对子吧？"苏学士回答道："胸藏斗牛，岂止能对！"那农妇脱口而出："一担重泥挡子路。"学士大惊，半晌无言以对。原来那农妇出的对子用了谐音："重泥"即"仲尼"，仲尼是孔夫子的字。"子路"表面是指"你的路"，实际上却是指孔夫子的大弟子仲由，仲由字子路。弄得苏学士一时还真对不上来。这时，两旁田埂上送泥返回的农夫望着他的窘态，不禁哈哈大笑。苏学士毕竟是苏学士，见此情景，忽有所悟，赶忙对道："两行夫子笑颜回。"苏学士所对也确实高明："夫子"表面是指眼前两旁田埂返回的农夫，实际上却是指孔子；"颜回"在这里应当与前面的"笑"连读，表面是指农夫们用笑颜嘲笑自己，实际上却是指孔子的另一个大弟子颜回。苏学士虽然对了下联，但还是心有余悸，心想：想不到村野之中，竟有如此聪颖的农妇，再不能自以为是，妄以读书人自居了。于是，他脱了鞋袜，下到水田，向农妇拱手让路。这个故事的魅力全由谐音创造，最大特点就是一语双关，言此意彼，显得含蓄、风趣。

1940 年汉奸汪精卫为首的伪国民政府在南京成立时，伪南京市警察厅厅长申省三到灵谷寺强迫灵谷老人写一副贺联，于是灵谷老人写下"昔具盖世之德，今有罕见之才"。申省三如获至宝，将这副对联展示在典礼大厅中，大家赞不绝口，汪精卫更是得意忘形。就在这时，突然有人说："诸位受骗了！这副对联内含斥骂之意。"申省三便怒气冲冲上前责问，那人急忙凑上去耳语几句。申省三一听，浑身直冒冷汗，慌忙将对联扯碎。原来"盖世"谐音"该死"，"罕见"谐音"汉奸"。灵谷老人以谐音骂"汉奸该死"，实在高妙！

谐音在文学作品中也经常为作家所用。像《红楼梦》中就有不少关于谐音的巧妙运用。第三十三回写宝玉挨打，正在紧急时候，小说这样写道：

> 那宝玉听见贾政吩咐他"不许动"，早知多凶少吉，那里承望贾环又添了许多的话。正在厅上干转，怎得个人来往里头去捎信，偏生没个人，连焙茗也不知在那里。正盼望时，只见一个老姆姆出来。宝玉如得了珍宝，便赶上来拉他，说道："快进去告诉：老爷要打我呢！快去，快去！要紧，要紧！"宝玉一则急

了，说话不明白；二则老婆子偏生又聋，竟不曾听见是什么话，把"要紧"二字只听作"跳井"二字，便笑道："跳井让他跳去，二爷怕什么？"宝玉见是个聋子，便着急道："你出去叫我的小厮来罢。"那婆子道："有什么不了的事？老早的完了。太太又赏了衣服，又赏了银子，怎么不了事的！"

若老姆姆没有将"要紧"听成"跳井"，赶紧到里头给贾母通个信，贾母就能及时制止贾政打宝玉了，那小说的一个高潮就要往后推移了。小说正是借助谐音，在紧张的故事发展中加入一个小小的插曲，还原生活本相，既让情节顺利推进，又增添了故事的趣味。

可以说《红楼梦》特别看重谐音。在开篇第一回《甄士隐梦幻识通灵　贾雨村风尘怀闺秀》中有两个重要人物甄士隐和贾雨村，作者就是在借助谐音告诉读者，在整部《红楼梦》里，作者想做的事就是"甄士隐"——"真事隐"，将真事隐去；"贾雨村"——"假语存"，虚构"假事"，演绎故事。第一回还交代了故事的起源——那块顽石：女娲在大荒山无稽崖炼成的补天石，剩下一块没有用完，弃落在青埂峰下。这"青埂峰"和"无稽崖"的谐音就是"情根风"和"无稽牙"。作者在暗示，《红楼梦》是用"无稽"的事情来讲述一段"情根"之事。再比如元春、迎春、探春、惜春四姐妹名字中的"元""迎""探""惜"四字的谐音为"原应叹息"，秦可卿的谐音为"情可轻"，"秦钟"的谐音为"情种"，甄英莲的谐音为"真应怜"……

小说第五回《贾宝玉神游太虚境　警幻仙曲演红楼梦》中的一段文字，借谐音点明了《红楼梦》的悲剧主题。

　　警幻道："此茶出在放春山遣香洞，又以仙花灵叶上所带的宿露烹了，名曰'千红一窟'。"宝玉听了，点头称赏。因看房内瑶琴、宝鼎、古画、新诗，无所不有；更喜窗下亦有唾绒，奁间时渍粉污。壁上也挂着一副对联，书云：

　　幽微灵秀地，无可奈何天。

宝玉看毕，因又请问众仙姑姓名：一名痴梦仙姑，一名钟情大士，一名引愁金女，一名度恨菩提，各各道号不一。少刻，有小鬟来调桌安椅，摆设酒馔。正是：琼浆满泛玻璃盏，玉液浓斟琥珀杯。宝玉因此酒香洌异常，又不禁相问，警幻道："此酒乃以百花之蕊，万木之汁，加以麟髓凤乳酿成，因名为'万艳同杯'。"宝玉称赏不迭。

　　这一段文字中的谐音就是"千红一窟（千红一哭）"和"万艳同杯（万艳同悲）"。

数 字 之 趣

各国都有数字迷信，我们中国也有，今人迷信"8"，古人迷信的却是"七"。且看：

正月初七为"人日"。古人过春节，七天都叫过大年，从正月初一到初七，分别定为鸡日、狗日、猪日、羊日、牛日、马日、人日。"人日"即"人的节日"。古人之所以将新年的第七天设为人日，是因为女娲造人的神话。女娲第一天至第六天，分别创造出了鸡、狗、猪、羊、牛、马，到第七天才造出了人。在人日这天，古人要吃用七种时鲜蔬菜做的"七宝羹"；制作类似小人形状，时称"人胜"的佩戴物。而人日这天最重要的活动之一是"登高"，寓含"人往高处走"的愿望。

七月初七为"七夕节"，又叫"乞巧节"。七月初七，在古人眼里是一个特殊的日子。传说，在这一天，牛郎和织女将会相聚。东汉应劭《风俗通义》中说："织女七夕当渡河，使鹊为桥。"为何牛郎织女只能在七月的第七天相会？南朝梁宗懔《荆楚岁时记》记载："天河之东有织女，天帝之子也，年年织杼劳役，织成云锦天衣。天帝怜其独处，许嫁河西牵牛郎，嫁后遂废织衽。天帝怒，责令归河东，唯每年七月七日夜，渡河一会。"七夕节的原始意义可能与人类生殖繁衍祈愿有关。汉魏时起，女子便有在七夕节这天晚上乞子、乞姻缘的风俗。晋周处《风土记》记载，时女子在七月七日"守夜者咸怀私愿"。

人死后祭奠，叫"做七"。就是在人死后，从第七天起，亲属每隔七天祭奠一次，共七次。关于"做七"的来源有许多说法，有人认为源于《周易》第二十四卦"复"，"复"卦中说"七日来复"；有人认为源自古人的"魂魄聚散说"，明人田艺衡在《玉笑零音》中说："人之初生，以七日为腊；人之初死，以七日为忌。一腊而一魄成，故七七四十九日而七魄具矣。一忌而一魂散，故七七四十九日而七魂泯矣。"另外，古代早期，"七"在丧俗中享有尊荣，《礼记·王制》中有"天子七日而殡，七月而葬""天子七庙"的记载。

由上文不难看出，"七"被古人用来纪念人的出生、婚恋、死亡。而出生、婚恋、死亡是人的一生中最大的三件事。可见，古人对"七"的崇拜程度非同一般。

当然，除了迷信"七"，其他数字也为人们所重视。无论是平常俚语，还是对联中、诗词中、小说中，都有许多精彩的"数字艺术"。

在俚语中，数字的运用非常频繁，仅以数字开头的成语就不可胜数：

一蹴而就、一马当先、一丝不苟、一劳永逸、一心一意、一言九鼎……

二杆子、二流子、二道贩子、二话不说、二一添作五……

三不朽、三长两短、三朝元老、三从四德、三纲五常……

四大皆空、四分五裂、四海升平、四海为家、四面楚歌……

五彩缤纷、五湖四海、五脏六腑、五毒俱全、五经六义……

六道轮回、六根清净、六月飞雪、六神无主、六宫粉黛……

七拼八凑、七上八下、七窍生烟、七零八落、七月流火……

八拜之交、八仙过海、八面玲珑、八面圆通、八字没一撇……

九五之尊、九死一生、九九归一、九霄云外、九牛二虎之力……

十大洞天、十面埋伏、十万火急、十里洋场、十全十美……

十二姻缘、十三经、十六字心传、十七帖、十八般武艺、二八佳人、三十而立、四十不惑、五十知天命、五十步笑百步、六十耳顺、七十不逾矩、百年树人、千方百计、万古长存、三百六十行、十万火急、十万八千里……

对联中巧用数字代有佳话。这里举两例：

北宋丞相吕蒙正早年家贫，衣食不保，且为社会的贫富不均而忧虑。一年春节，富裕人家杀猪宰羊，热热闹闹，可吕蒙正家徒四壁，冷冷清清。他一气之下，挥毫写了一副怪联贴在门上：

二三四五

六七八九

横批：南北

对联贴出后，观者一时莫名其妙。后来有人仔细品味，领悟其中妙处，不由拍手称快。原来对联用了谐音，上联缺"一"（谐音"衣"），下联少"十"（谐音"食"），横批只有"南北"，没有"东西"，全联寓意"缺衣少食，家无长物"。后来吕蒙正做了丞相，敢为底层百姓说话，这与他少年的贫苦也不无关系吧。

北宋诗人、书法家黄庭坚，年轻时就颇负盛名。一次，他想到苏杭游玩，于是从家乡九江乘船顺流而下。站立船头，放眼滔滔江水，不觉神清气爽。此时，艄公向他走来，拱手作揖："我们江湖上的粗人，平常也有些俗趣。我这里有个对子，只有上联，想请先生续联，不知先生有无此雅兴？"

黄庭坚不由得转过身来。艄公说："请赐教。"接着便道：

　　驾一叶扁舟，荡两支桨，支三四片篷，坐五六个客，过七里滩，到八里湖，离开九江已有十里。

刚念完上联，艄公又说："您所对下联中，凡遇上有数字处，须以数字对，不论反顺，不得有一字与上联雷同。"

黄庭坚一听，仰天长笑道："此等俚俗之联，不登大雅之堂。也好，我也闷得无聊，就来凑凑俗趣吧！"可当他笑过之后，细细思量，不觉额头沁出冷汗。上联中数词一至十已用毕，而下联须以数对数，且不得有一数与上联相同，哪里弄这么多数字来对呢？顿时，他觉得无地自容。望着眼前这个艄公，他悟到了学无止境的道理。于是，他发誓沉潜读书，便立刻请求船家掉转船头，不去苏杭了。后来，黄庭坚果然发愤苦学，成为大诗人、大书法家。

这上联或许是好事者所为，借黄庭坚的故事使其流传吧。据说此联近千年来没有人能对出。

诗词中，精彩的数字更是比比皆是。据统计，《诗经》305首诗中使用数字的占了半数，《唐诗三百首》中使用数字的就有130多首。"一

日不见，如三月兮"" 一夫当关，万夫莫开"" 春种一粒粟，秋收万颗
子"" 烽火连三月，家书抵万金"" 两句三年得，一吟双泪流"" 朝辞白
帝彩云间，千里江陵一日还"" 春宵一刻值千金，花有清香月有阴"" 自
古驱民在信诚，一言为重百金轻"" 一道残阳铺水中，半江瑟瑟半江
红。可怜九月初三夜，露似珍珠月似弓"" 四十年来家国，三千里地山
河"" 故国三千里，深宫二十年。一声何满子，双泪落君前"" 爆竹声中
一岁除，春风送暖入屠苏。千门万户曈曈日，总把新桃换旧符"" 三万
里河东入海，五千仞岳上摩天。遗民泪尽胡尘里，南望王师又一
年"" 何方可化身千亿，一树梅花一放翁"" 九州生气恃风雷，万马齐喑
究可哀"……

　　诗词中的数字常常以一当十，以一当百，以一当千万，这样可以大大
增加作品的内涵。如《木兰诗》中的"军书十二卷，卷卷有爷名"，以数
字渲染边关紧急、征召急迫，为木兰女扮男装出征作铺垫；其中的"将军
百战死，壮士十年归"，以数字概述边关战事频繁，赞扬将士的英勇。如
李白《秋浦歌》中有"白发三千丈，缘愁似个长"，用"三千丈"形容白
发之长，极言愁苦之多。如杜诗《登高》中有"万里悲秋常作客，百年多
病独登台"，"万里"形容家乡之远、乡思之苦，"百年"形容人已垂暮，
"万里""百年"共同描述常年漂泊在外的孤独悲苦心境。白居易《长恨
歌》中有"回眸一笑百媚生，六宫粉黛无颜色"，"百媚"赞美杨玉环媚态
的动人心魄，"六宫"概述宫女数量，以众宫女的"无颜色"来反衬杨玉
环的"百媚生"。

　　数字入诗，更能体现新意。有个"一字师"的故事。据说五代著名
诗僧齐己，在一个下了一夜大雪的早上，发现有几枝梅花已经开了，便写

了一首《早梅》诗，其中两句是："前村深雪里，昨夜数枝开。"他对这两句诗很满意，便高兴地拿去给诗友郑谷看。郑谷看后说："数枝梅花开已经相当繁盛了，不足以说明'早'，不如把'数枝'改为'一枝'更贴切。"齐己听了，认为改得很好，欣然接受，并向郑谷拜谢。从此，后人便称郑谷为齐己的"一字师"。当然，也有人评说，"数枝"表示少数，更能体现"早梅"开花的实际情况，硬要以"一枝"扣"早"字，反而显得做作。

数字入诗，有时别有情趣。如清人李调元的《咏美女》："一名大乔二小乔，三寸金莲四寸腰。买得五六七包粉，打扮八九十分娇。"用数字一二三四五六七八九十，调侃那些忸怩作态的所谓"美女"，真是活灵活现。再如清人郑板桥的《咏雪》："一片二片三四片，五六七八九十片，千片万片无数片，飞入梅花总不见。"前三句以数字写来，几乎不能算诗，但当与最后一句相合，诗意陡出：不仅雪花白，梅花白，天地一色，美景如在眼前，而且雪如梅，雪梅相融，纯洁之心毕现。

数字入文，也是别有匠心，尤其是在小说中，数字往往与故事相扣，与人物的命运相连。

《三国演义》中有桃园三结义、三气周公瑾、三英战吕布、三顾茅庐、三让徐州、三马同槽、三江口纵火、关公约三事、智取三城（天水、南安、安定）、过五关斩六将、六出祁山、七擒孟获、火烧连营七百里、千里走单骑；《水浒传》里的一百零八将分别与三十六天罡、七十二地煞相对应，并排定了座次；《西游记》中花果山顶上的仙石三丈六尺五寸高、孙悟空的金箍棒三万六千斤重、猪八戒三十六变、孙悟空七十二变、哪吒三头六臂、九九八十一难。

《红楼梦》里的数字更有精妙之处。红学家周汝昌先生在《红楼艺术》
中指出：

> 《石头记》的全本实共一百零八回书文。一百零八之数，中
> 分时则为两个五十四，故书到第五十四回元宵大盛会（亦即最后
> 一次盛况了）为顶点，一过这条"界河"，一切文情都变了……
>
> 一九：将全部几条大主脉引伏已毕，以家塾交代贾府男子
> 之不材无状，过此再不拟多写男人，转入以女为主题的正文。
>
> 二九：至十八回。建园省亲，第一个"盛"的高潮。人物
> 活动地点转以入园为中心。
>
> 三九：至二十七回。以饯花、葬花为一极大关目。
>
> 四九：至三十六回。以梦兆、识分定为关目，出金麒麟。
> 为情缘作一小结。下开"诗局"一脉。
>
> 五九：至四十五回。以"风雨夕"为一大关目，黛钗关系
> 之枢纽。
>
> 六九：至五十四回。又一元宵，再次"盛"的顶点。
>
> 七九：至六十三回。寿怡红，特点"群芳""送春"是又一
> "饯花"形态，全书大关目，再次凸显。
>
> 八九：至七十二回。以凤姐病深，家事忧重为眼目。过此
> 即入抄检大观园——为家亡人散大主脉步步逼进。
>
> 九九：至八十一回。
>
> ……
>
> 但九与十二，是什么意义？雪芹何必采用这二数以构全

书？这似"神秘""离奇""怪诞"，其实一点儿也不。这全然是中华文化传统的基本知识的运用。

为什么要用十二？关键在于这部书的一个异名就叫《金陵十二钗》。作者以"钗"（"裙钗"的简省）代"女"，意谓书中第一流出色女儿（女性人才）有十二位，名之曰"正钗"。有正即有副，故又有"副钗"。正只一级，副则多层，多到几层？以九为次。于是

$$12 \times 9=108$$

雪芹共写了一百零八个女子——其思路的触磕浚发，就是来自《水浒》的作者立意要写绿林好汉时，特别有意地采取了"一百单八将"这个数字，而且他的"等级观念"将此数目又分为"天"之三十六，"地"之七十二。

……

雪芹在排定一百零八钗时，实在是从书的一开头就告知我们了，请看：

他是从娲皇炼石补天起头的，而他给女娲的石头早已定出了"尺码规格"："高经十二丈，方经二十四丈。"而脂砚在此，也早有双行夹注批：

在"高经十二丈"句下："照应十二钗。"

在"方经二十四丈"句下："照应副十二钗。"

上句易解，但下句怎么讲？"二十四"如何照应"副十二钗"？

原来，这儿在甲戌本上头条批中"照应"作"总应"。这个

"总"，实包所有之钗而言；大石每边之长（或宽）都是二十四丈，才能合原文的"见方"（即正方形，四边等长），那么，四乘二十四，即是所有诸层副钗的总数了——

24×4=96（副钗）

12（正钗）

96+12=108（全体。《情榜》亦即此数。）

要想明白雪芹在《红楼》艺术上的致密精严，一丝不苟的文心意匠，达到何等地步，也必须着眼于这些独特之处。

今天人们对数字似乎更加迷信。下面引的这个故事非常有趣。

有一天，一个富豪要买车，正在为车行没有吉祥的车牌号而苦恼。老板走过来，笑着说："这个车牌不错，00544，保证没人敢惹，不错吧？"

富豪一听，动心了，"00544"不正是"动动我试试"？于是立即购买了那款名车，可第二天就出了车祸。富豪生气地走下车，心想：这车你也敢撞。下车一看，富豪立即灰溜溜地走了，原来这部车的车牌是44944，正是"试试就试试"。

不过今人的数字迷信与古人的数字迷信大不相同。古人的数字迷信是建立在对宇宙、天地、命运"确信"的基础上的。

《老子》："道生一，一生二，二生三，三生万物。"《周易·系辞》："易有太极，是生两仪，两仪生四象，四象生八卦。"作为群经之首的《周易》，本质上说，就是一部数字推衍之书。《周易·系辞》："天一地二，天三地四，天五地六，天七地八，天九地十。天数五，地数五，五位相得而各有合。天数二十有五，地数三十，凡天地之数，五十有五，此所以成变化而行鬼神也。……《乾》之策二百一十有六，《坤》之策百四十有四，凡三百六十，当期之日。二篇之策，万有一千五百二十，当万物之数也。"

在古人看来，"数"就是"命"，所以有"万物莫逃乎数""天数已定"之说。"一元""两仪""三才""四时""五福""六畜""七夕""八方""九天""十天干""十二地支"等，都是定数。因此，古人实际上对每一个数字都充满崇敬。也因此，在语言中，哪一个数字都既能表达正面义也能表达反面义。讲"一展宏图"，也讲"一无是处"；讲"二人同心，其利断金"，也讲"二道贩子"；讲"三省吾身"，也讲"三心二意"；讲"四方之志"，也讲"四大皆空"……

但今人的数字崇拜，似乎只是单纯地从谐音角度表达趋利避邪的心愿，如"1"="要"，"2"="尔"，"3"="生"，"4"="死"，"5"="我"，"6"="顺"，"7"="气"，"8"="发"，"9"="久"。以至于一些大桥的建桥长度尽可能与"8""6""9"这些数字靠拢，如夷陵长江大桥主跨为两个连续348米、巴东长江大桥主跨388米、万州长江大桥主跨580米、武汉白沙洲长江大桥主跨618米、武汉长江第三大桥主跨618米、虎门大桥主跨888米；车牌尾号剔除"4"，在北京、深圳等地早已实行……

其实，今人的数字崇拜只是"一厢情愿"，且不说事实本身如何，即使就与数字读音相谐这一点而言也是取其一点，"不及其余"。如"8"，既是"发"的谐音，也是"罚""扒""疤"的谐音；"发"既可组成"发财""发迹""发达""发福"这类词，也可组成"发难""发昏""发病""发神经"这类词。如"4",既是"死"的谐音,也是"驷"的谐音。"驷"是四匹马拉的车,"驷"组成的词有"上驷"(上等马)、"驷马之门"(能容驷马高车通过的大门,借指显贵之家)、"驷骐"(驾一车的四匹骐马,骐是千里马的名字)等。从这个角度去附会趋利,将车牌号上面的"4"想象为"驷",是不是也很有味道呢?

叠 字 之 趣

叠字，又叫"重言"，是指重复相同的字来表达意思。在我们的语言中，有大量的由叠字构成的词语。据统计，叠字词语中仅四字词语就有2 000多条：

安安稳稳、朝朝暮暮、大大咧咧、嘟嘟哝哝、浑浑噩噩、沸沸扬扬、鼓鼓囊囊、浩浩荡荡、兢兢业业、口口声声、拉拉扯扯、马马虎虎、袅袅娜娜、婆婆妈妈、卿卿我我、熙熙攘攘、日日夜夜、潇潇洒洒、三三两两、堂堂正正、唯唯诺诺、形形色色、洋洋洒洒、战战兢兢……

楚楚动人、翩翩起舞、欣欣向荣；阿狗阿猫、大起大落、呆头呆脑；防不胜防、闻所未闻、玄之又玄；半懂不懂、得过且过、将心比心；白发苍苍、余音袅袅、众目睽睽……

叠字组成的词语具有极强的表现力，在概括、形容等方面常常能以一当十，所以在诗文写作、对联制作时常为人们所乐用。

古典诗词中有大量的叠词。这里选录几例：

《诗经》："昔我往矣，杨柳依依；今我来思，雨雪霏霏""战战兢兢，如临深渊，如履薄冰"。

《古诗十九首·迢迢牵牛星》:"迢迢牵牛星,皎皎河汉女。纤纤擢素手……盈盈一水间,脉脉不得语。"

唐代王建《宛转曲》:"宛宛转转胜上纱,红红绿绿苑中花。纷纷泊泊夜飞鸦,寂寂寞寞离人家",每句使用叠字。

北宋李清照《声声慢·寻寻觅觅》:"寻寻觅觅,冷冷清清,凄凄惨惨戚戚",开篇连用七组叠字。

叠字使用到李清照这个份上,已是登峰造极了。七组十四字将一个愁容满脸、病容满脸的老妪,孤孤独独、摸摸索索、窸窸窣窣、恓恓惶惶的不安情状、悲戚心理完全描述出来了。

后代也有一些使用叠字的高手,如元代乔吉《天净沙·莺莺燕燕春春》:"莺莺燕燕春春,花花柳柳真真,事事风风韵韵。娇娇嫩嫩,停停当当人人。"元代马钰《西江月》:"物物般般认认。常常战战兢兢。心心念念恐沉沉。得得来来损损。日日清清净净。时时湛湛澄澄。惺惺洒洒这灵灵。灿灿辉辉永永","是是非非远远。尘尘冗冗捐捐。人人肯肯解冤冤。步步湾湾浅浅。善善常常恋恋。玄玄永永绵绵。明明了了这圆圆。杳杳冥冥显显"。但他们的用字多少有点对形式的追求了。

对联中使用叠字的现象比比皆是。这里选录山海关外孟姜女庙前的一副楹联:

> 海水朝朝朝朝朝朝朝落,
>
> 浮云长长长长长长长消。

这副对联采用谐音与叠字的双重手法成联,因构思巧妙,切合实景,成为传诵的名联。上下联的"朝"字与"长"字均重复六次，均有两种读音。"朝"读 zhāo 时，表示早晨、白天的意思；读 cháo 时，谐音为"潮"，即涨潮。"长"读 cháng 时，意为经常；读 zhǎng 时，谐音为"涨"，在这时表示升高、增多。再加上不同的停顿，这副对联就有了丰富的意趣。我们将谐音还原，可以有以下几种读法。

第一种：

> 海水潮，朝朝潮，朝潮朝落；
> 浮云涨，长长涨，长涨长消。

第二种：

> 海水潮，朝朝潮，朝朝潮落；
> 浮云涨，长长涨，长长涨消。

第三种：

> 海水朝朝潮，朝潮朝朝落；
> 浮云长长涨，长涨长长消。

第四种：

> 海水朝潮，朝朝潮，朝朝落；

浮云长涨，长长涨，长长消。

第五种：

海水潮，朝潮，朝潮，朝朝落；
浮云涨，长涨，长涨，长长消。

第六种：

海水潮，朝潮朝潮，朝朝落；
浮云涨，长涨长涨，长长消。

第七种：

海水潮！潮！潮！潮！朝潮朝落！
浮云涨！涨！涨！涨！长涨长消！

据传，这副对联的作者是明代的大书画家徐渭。徐渭，字文长，号青藤，浙江山阴（今绍兴）人。他用同样的手法，为四川长文县的朝云庙写了一副楹联：朝云朝朝朝朝朝朝退，长水长长长长长长流。

当今使用叠字最多的则数流行歌曲了。这里也选录几例。

《笑傲江湖》："浮世滔滔／人情渺渺／一剑飘飘／一生笑傲／传一曲天荒地老／共一生水远山高。"

《浪花一朵朵》："时光匆匆匆匆流走 / 也也也不回头 / 美女变成老太婆 / 哎哟 / 那那那个时候 / 我我我我也已经是个糟老头。"

《蓝色理想》："世界总是反反复复错错落落地飘去，来不及叹息 / 生活不是平平淡淡从从容容的东西，不能放弃。"

流行歌曲使用叠字在模声状物、协调音节、增强情感等方面有独特的作用，上面几首歌曲都具有非常显著的这种特征。再如《弯弯的月亮》："遥远的夜空 / 有一个弯弯的月亮 / 弯弯的月亮下面 / 是那弯弯的小桥 / 小桥的旁边 / 有一条弯弯的小船 / 弯弯的小船悠悠 / 是那童年的阿娇。"歌词婉转、流动、飘逸，特别是"弯弯"这一叠词的反复使用，不仅使音节与语义更加和谐，更使悠长的思乡柔情随轻扬流动的节拍，在现代文明与古老风情的交融与冲突中滋长绵密深幽的惆怅情怀。

拆 字 之 趣

因为汉字由不同的笔画、偏旁构成，除了"一"字，每个字都可以拆解为不同意义的组合，这就为人们"拆字"提供了方便。更因为人们用汉字给万事万物命名，记述万物万事，表达各种心情、思想，汉字中似乎隐藏着无数的秘密，所以人们对汉字有着无限的崇拜，对"拆字""解密"充满着无限的热情。因此，人们常常以"拆字"的方式使用汉字。

制作谜语。字谜历史悠久，种类繁多，变化无穷。拆字是字谜制作方式的一种。拆字制谜，简单说就是利用汉字可以分解拆拼的特点，对谜面或谜底文字的形状、笔画、部首、偏旁进行增减变化或离合归纳，使原来的字形发生变化。如"全国要减少人口"（猜一字），谜底：珏。这个字谜的猜法是，在谜面"全国"两字中减去"人口"两字，组合成"珏"。又如"中"（猜一法律名词），谜底：仲裁人。它的猜法是，将"仲"字里的"人"字旁去掉便为"中"。再如"旭日东升鸿鸟飞"（猜一地名），谜底：九江。它的猜法是，"旭"字，日东升，就是去掉"日"字，剩"九"字；"鸿"字里的"鸟"字飞走，只剩下"江"字。

制作对联。拆字是制作对联的一种常用方法。像"此木为柴山山出，因火成烟夕夕多",上联的"此木"由"柴"拆得,"山山"由"出"拆得;下联的"因火"由"烟"拆得,"夕夕"由"多"拆得。像"闵先生门里文字,吴学士天上口才",上联由"闵"字拆成"门""文"构成,下联由"吴"字拆成"天""口"构成。在对联史上,流传着许多精彩的拆字联传说。

据说下面这副对联是题贺潘、何两姓联姻的联语:

有米有田兼有水,

添人添口又添丁。

上联的"米""田""水"由"潘"字拆解而成,下联的"人""口""丁"由"何"字拆解而成。

相传清朝同治年间,四川某县县官姓柳名儒卿,欺上瞒下,勒索乡里,人称其为"柳剥皮"。有人便用他的名字作了这样一副拆字谜式的对联送给他:

本非正人,装作雷公模样,却少三分面目;

惯开私卯,会打银子主意,绝无一点良心。

从字面的意思可以看出,此联具有讽刺、谩骂性质,但是骂谁一下子还看不出,需要猜谜。上联拆"儒"字而成,"儒"可拆为"亻、雨、而"三部分:"亻"为"非正人","雨"为"装作雷公模样","而"是"面"字去掉"三"字,所以说"却少三分面目"。下联拆"卿"字而成,"卿"可拆为"卯、㔾"两部分:"卯"是清代铸钱机构,"卿"字里头有"卯",

"惯开私卯"即指私自铸钱，"卩"近似"艮"，加"钅"即"银"，所以是"会打银子主意"，"艮"是"良"字少一点，所以是"绝无一点良心"。上下联合起来就是"儒卿"两字。

据说在攻打姑苏城时，朱元璋与谋士刘基拟联。朱元璋为显示自己的气魄，以"天口"两字出联：

天下口，天上口，志在吞吴；

"天下口"为"吞"，"天上口"为"吴"。这个上联很好地利用了"天口"两字的上下组合，写出了朱元璋"志在吞吴"的雄心。

刘基是非常有学问的谋士，随即对以"人王"两字：

人中王，人边王，意图全任。

"人中王"为"全"，"人边王"为"任"。刘基的下联以"人王"相对，满足了朱元璋称霸天下的野心。

传说纪晓岚中进士后，当侍读学士，陪皇帝读书，时间稍长后便感觉生活单调，提不起精神，不免被皇上察觉。

一天，皇上半开玩笑地说："纪晓岚，朕看你脸色不好，一定有什么心事。让朕猜猜看，你说怎样？"

"皇上请猜。"

"依朕猜，你是：口十心思，思妻，思子，思父母。"

纪晓岚心中一惊，想皇上真的看出他的心迹了，但皇上似乎也没有责

怪之意。再揣摩皇上的话，是在给自己出个上联，让自己对个下联，如果
对不好就可能有事了。于是纪晓岚立即跪下来，说："皇上说得对。如蒙
皇上恩准，回去探亲一次，纪晓岚感恩戴德，我是：言身寸谢，谢天，谢
地，谢君王。"

皇上一听，对这位才子就更是喜爱有加了，当即就批准他回去探亲。

相传八国联军在与清政府谈判时，有个代表突然提出要对对子，随即
出了上联：

骑奇马，张长弓，琵琶琴瑟八大王王王在上，单戈作战；

这上联"骑"拆为"奇""马"，"张"拆为"长""弓"，"琵琶琴瑟"
四字上面有八个"王"字，意指八国联军，"战"（繁体为"戰"）拆开为
"单""戈"。整个上联表现了侵略者自高自大、不可一世的嚣张气焰。

那个洋人本以为清廷中无人能对出此联，想借此羞辱清廷，但当时清
廷的一位官员从容以对：

伪为人，袭龙衣，魅魑魍魉四小鬼鬼鬼犯边，合手即拿。

清廷官员巧拆"伪"字，咒骂侵略者不是人；巧拆"袭"字，揭露
侵略者袭击首都；巧拆"魅魑魍魉"四字，揭露八国联军侵犯中国；巧
拆"拿"字，揭露侵略者抢劫珍宝。这一妙对有力地打击了侵略者的嚣
张气焰。

制作谶（chèn）语。谶语是指能应验的话。如《诗经》有"维天有

汉"这样的诗句,"汉"即银河,也叫汉河,诗句原意是说天上有银河,但在汉代的儒生那里就被看作是汉朝诞生的预言。许多时候,人们为了某个目的,有意编造一些话并散播出去,形成一种朝着自己的目标发展的有利力量。这样的一些话,就是人们有意制作的谶语。在这些编造的谶语中,使用拆字方法制作的不少。如刘邦兴汉的谶语是"卯金刀,在轸北。字禾子,天下服","卯金刀"即"刘"(繁体为"劉"),"字禾子"即"字季",刘邦字季。整条谶语的意思为:刘季在轸星的北面出现,成为天子。再如东汉末年有"鬼在山,禾女运"的谶语,很明显,这是一个字谜,即"魏"字。果然,220年曹丕取代汉献帝称魏帝。李自成进入北京前,到处传播的谶语是"十八子,主神器","十八子"即"李"字。

历史上还流传着骆宾王编造童谣谶语的故事。

徐敬业起兵讨伐武则天时,想拉拢身为宰相的裴炎为内应,于是请骆宾王想办法。骆宾王想了想,立即写下了一首童谣并暗地里教裴炎家的儿童吟唱:"一片火,两片火,绯衣小儿当殿坐。"很快,歌谣在长安城流行开来。

"两片火"是炎字,"绯衣"是"裴"字,"绯衣小儿当殿坐"是说姓裴的要当皇帝。裴炎本来对武则天不满,怀有野心,听到这个童谣后,先是一惊,然后非常高兴。不久,旧臣徐敬业派人来串联,裴炎毫不犹豫地同意联合起来将武则天赶下台,并且给徐敬业写了一封密信,信中只有两个字"青鹅"。但事情很快败露,这封密信也落到了武则天手中。这封信刚开始没有人能读懂,武则天认真研究后明白了:"青"字可拆为"十二月","鹅"(繁体为"鵝")字可拆为"我自与"。这是裴炎暗示徐敬业:你十二月打过来,我在长安城中做内应。结果,武则天处死了裴炎,派三十万大军镇压了徐敬业。骆宾王从此下落不明。

测字算命。测字算命是拆字运用得非常普遍的地方，留下了很多的故事，略举两例。

苏轼、苏辙、黄庭坚在王安石变法及新旧党争中都遭到打压。后来苏轼被流放到海南儋州，苏辙被流放到广东雷州，黄庭坚被流放到广西宜州。当时有关心他们命运的人为他们测字："'儋'字是有人笔直地站立在左边，说明苏轼有人扶持，会被赦免。'雷'字是雨水洒在田地上，表示有上天恩泽，苏辙会再次受到朝廷的眷顾。'宜'字跟'直'字相仿，'直'就是不回头，黄庭坚恐怕不会有机会返回了。"后来苏轼被赦免，回到毗陵（今常州），不久病逝。苏辙被赦，隐居颍川（今河南许昌境内），十多年后去世。而黄庭坚客死宜州，未能北归。

某乡绅在避难途中与父亲、妻子失散，写了个"望"字测问，盼望找到父亲与妻子。测字先生摇摇头说："相公，令尊看来已离开人世了。"乡绅猛然一惊，问："怎么知道？"测字先生告诉他："你写的'望'字，可以拆分为'亡、月、王'三字。'亡'即死，'月'为阴，加在一起就是死后到阴间去见阎王了。"乡绅不高兴，再问："我妻子什么时候能找到？"测字先生说："还是要相公再写一字。"乡绅写了一个"君"字。测字先生见字后说："你去县衙问，妻子不日可见。"乡绅问："怎么解释？"测字先生告诉他："'君'字上面是个'尹'字，'尹'即县令；下面是个'口'字，只要相公开口去问一下县令，就知道妻子的下落了。'口'字里面加'一'字，为'日'字，现在只有'口'而无'日'，所以说，不日可见矣！"

一位书生准备去参加秋季的考试，临行前，他到城里找了一位有名的测字先生。书生写了一个"又"字。测字先生告诉他："'又'字上加一点是'文'字，文曲星主宰考运，而'又'字偏偏缺少这一点，你这次考试恐怕没办法上榜。"书生正在懊恼时，测字先生又说："你不但秋试不中，而且还会遇上一些麻烦，卷进倒霉的官司中。因为'又'字两画相交，属六神中的朱雀，朱雀神主管口舌、惊忧之事，你可要小心点。"书生很担心地说："有没有办法化解？"测字先生问了书生的生辰八字，发现书生命相属水，于是说："只是短暂麻烦，不碍事。因为朱雀属火，你命中带水，水克火，你可逢凶化吉。"后来，书生果然被人诬告，花了三个月时间才了结官司，但也延误了考期。

测字虽然看起来有那么一些道理，但其实都是附会，不足为据。当有人觉得命运不能为自己所把握时，就会借助一些神幻的方式来解释。这种心理是能理解的，但也应当指出，这是缺乏理性的表现。

创作诗文。拆字也常常为作家所用。《三国演义》第七十二回写杨修之死时，讲了两个"拆字"的故事：

> 原来杨修为人恃才放旷，数犯曹操之忌：操尝造花园一所；造成，操往观之，不置褒贬，只取笔于门上书一"活"字而去。人皆不晓其意。修曰："门内添活字，乃阔字也。丞相嫌园门阔耳。"于是再筑墙围，改造停当，又请操观之。操大喜，问曰："谁知吾意？"左右曰："杨修也。"操虽称美，心甚忌之。
>
> 又一日，塞北送酥一盒至。操自写"一合酥"三字于盒上，置之案头。修入见之，竟取匙与众分食讫。操问其故，修答曰："盒上明书一人一口酥，岂敢违丞相之命乎？"操虽喜笑，而心恶之。

《红楼梦》里也有多处拆字故事，其一就是第五回写凤姐的判词：

> 凡鸟偏从末世来，
>
> 都知爱慕此生才；
>
> 一从二令三人木，
>
> 哭向金陵事更哀。

判词中将"凤"（繁体为"鳳"）字拆成了"凡""鸟"（繁体为"鳥"），将"冷"字拆成了"二""令"，将"休"字拆成了"人""木"，意味王熙凤最终逃不过被冷落、被休弃的命运。

王少堂评书《宋江》说闹江州有一段：梁山英雄化装进城，吴用扮成算命先生，给守门的门军相面，说他"眉如直八，鼻如玄田，口如牛一，二目不同，将来必定大富大贵"。门军大为高兴，放他进了城。旁边一个老门军说："你上当挨骂了，'直八'为'真'，'玄田'为'畜'，'牛一'为'生'，'二目'不同是一'木'一'目'，合成'相'字，他骂你'真畜生相'。"

当代小说家梁晓声在《预碎》中也用过拆字：

> "对！找他！今天我章世昭豁出来跟'工人阶级'掰了！"工会主席不跟他俩"掰"。掰？——手分手？才不呢！工会主席紧紧地、友好之至地跟他俩握手。

别 字 之 趣

书写正确与否，是一个人文化素养高低的体现。写别字并不是什么光彩的行为，根本谈不上什么有趣，有时还贻害不浅。

当年太平军北伐，驻扎在仪征城外。先行官派手下向主将请示路线。此时，主将正在与人议事，随手写下手令。先行官拿到手令后不觉心中一惊，原来手令是四个字"烧城而走"。但先行官不敢违抗，于是命令军卒每人准备一大把柴火，拂晓前烧城。事后主将责问为何烧城，先行官取出手令，主将顿足："我竟把'绕'写成了'烧'字！好端端的仪征城化为灰烬，我的大过啊！"

无独有偶，1930年军阀混战时，战局也因错别字而生变。冯玉祥、阎锡山为一方，蒋介石为一方，在中原大地摆开战场，双方共投入一百多万兵力。战前，冯、阎约定在河南北部的沁阳会师，但冯玉祥的作战参谋在下达命令时，把"沁阳"写成了"泌阳"，在"沁"字上多写了一撇。碰巧的是，河南还有一个泌阳县，只不过泌阳在河南南部，沁阳、泌阳一北一南，两地相距几百公里。冯玉祥的部队依照命令开进泌阳，未能与阎会合，贻误了战机，致使冯、阎联军处于被动挨打的境地，最终导致中原战场的全面失败。如果那个作战参谋不多写那一撇，冯、阎顺利会师，中原大战就可能会是另一种结局，历史也就可能改写了。

2011 年，故宫博物院发生了一起震惊中外的文物失窃案，但案件很快被北京警方侦破。故宫博物院副院长一行来到北京市公安局赠送锦旗，对市公安局迅速破获文物失窃案表示感谢。谁料只有十字的感谢语——"撼祖国强威　卫京都泰安"，却出现了一个错别字，导致意思完全相反。"撼"的意思是撼动、搬动，"捍"才是保卫的意思，显然，此处的"撼"为"捍"之误。一字之差，导致意思完全相反。一时舆论哗然。故宫博物院后来还出面辩称，"撼"与"捍"在古代是通假字，可以代替。这就是更大的笑话了。就算"撼"与"捍"在古代是通假字，但现代汉语怎么可以随意使用古代汉语的通假字呢？这样只会引起文字使用的混乱。

别字是怎么产生的呢？有主客观两方面原因。主观上讲，一是对语言文字的规范标准认识不够，随意简化，如将"蛋"写成"旦"，将"餐"写成"歺"；二是语文基础不够扎实，缺乏对文字意义的了解，如将"尊重"写成"遵重"，将"迁徙"写成"迁徒"等。客观上讲，与汉字本身的字形特征有关：一是字形相近。将"徙"写成"徒"也与这两个字字形相近有关。据报道，乌鲁木齐某厂曾在日本印刷 1 000 卷重 10 吨的面粉包装袋，由于将"乌鲁木齐"错打成"鸟鲁木齐"，该厂损失十几万元。形似字容易混淆的有许多，如"茶"与"荼"、"侯"与"候"、"予"与"矛"、"未"与"末"、"宴"与"晏"、"仑"与"仓"等。二是字音相同或相近。如"法网恢恢，疏而不漏"的"漏"容易错写成"露"。再如"振"与"震"、"提"与"题"、"秘"与"密"等。三是字形相近，字音相同或相近。如"检"或"捡"、"睹"与"赌"或"堵"、"掂"与

"惝"、"廖廖"与"寥寥"、"试"与"拭"。四是字音相近，字义相近。如"只"与"支"、"定"与"订"、"词"与"辞"等。五是字义相近。如"坠"与"堕"、"闯"与"撞"等。六是受上下文字的干扰而出错。写一个词语时，一个字常会受另一个字偏旁的影响而写错。如将"浮肿"写成"胕肿"、"粉碎"写成"粉粹"、"赌博"写成"赌赙"、"鞭挞"写成"鞭鞑"、"脉络"写成"脉胳"、"侍奉"写成"侍俸"等。

在使用文字的过程中，也有故意利用别字来达到某种特殊目的的事例。这就另当别论了。元代大戏剧家关汉卿有一部杂剧《鲁斋郎》，演绎了包拯借"别字"智斩恶人鲁斋郎的故事：

差老夫五南采访。来到许州，见一儿一女，原来是银匠李四的孩儿。他母亲被鲁斋郎夺了，他爷不知所向。这两个孩儿留在身边。行到郑州，又收得两个儿女，原来是都孔目张珪的孩儿。他母亲也被鲁斋郎夺了，他爷不知所向。我将这两个孩儿也留在家中，着他习学文章。早是十五年光景，如今都应过举，得第了也。老夫将此一事，切切于心，拳拳在念。想鲁斋郎恶极罪大，老夫在圣人前奏过：有一人乃是"鱼齐即"（繁体"魚齊即"），苦害良民，强夺人家妻女，犯法百端。圣人大怒，即便判了"斩"字，将此人押赴市曹，明正典刑。得到次日，宣鲁斋郎（繁体"鲁齋郎"）。老夫回奏道："他做了违条犯法的事，昨已斩了。"圣人大惊道："他有甚罪斩了？"老夫奏道："他一生掳掠百姓，强夺人家妻女，是御笔亲判'斩'字，杀坏了也。"圣人不信，"将文书来我看"。岂知"鱼齐即"三字，"鱼"字下

边添个"日"字，"齐"字下边添个"小"字，"即"字上边添
一点。圣人见了，道："苦害良民，犯人鲁斋郎，合该斩首。"
被老夫智斩了鲁斋郎，与民除害。

这个故事中的别字，是包拯的精心设计。"鱼齐即"的繁体字为"魚
齊即"，"鲁斋郎"的繁体字为"魯齋郎"，"魚"下添"日"变作"魯"，
"齊"下添"小"变作"齋"，"即"上加点变作"郎"，于是"魚齊即"
变成了"魯齋郎"。再加上圣人（此处指皇帝）老眼昏花，就将恶人鲁斋
郎给"斩"了。

清人陆以湉在他的《冷庐杂识》中也记载了一个别字故事，别有情趣。

一个叫封翁的官员协助州官办一起盗窃案，罪犯招供的是"纠众自大
门入"。这是明火执仗，官府拟以重典论处，全部论斩。封翁知道这些案
犯是因为贫困穷苦，偶尔行窃，并不是什么真正的惯盗、大盗。于是对州
官说："像这种一被审讯，就迅速招供行窃经过的，必定不是惯盗。如今
不分首犯、从犯全部论斩，判得太重了。"州官为难地说："此案上面催促
得非常紧，案卷文书记录也没有办法改动。"封翁就请求将窃犯供词中的
"纠众自大门入"中的"大"字改为"犬"字。这样一改，就将明火执仗
的强盗行为改成了钻狗洞的小偷行为，就可以从轻发落了。封翁见州官有
所犹豫，又说："我是仰慕您有好生之德，才提出这个办法的，并不是要
徇私舞弊。"州官也醒悟过来，听从了他的建议。一字之改就挽救了十几
条性命。

1915 年 12 月 12 日，袁世凯废除民国纪元，宣布恢复帝制，准备登
基称帝，并确定次年为"洪宪元年"，下令全国从 1916 年元旦开始采用

"洪宪"年号。袁世凯的复辟活动遭到全国抵制，当时史量才先生主持上海《申报》，授意报纸使用年号时在"宀"部首的字中任选一字替代"宪"字，并交代，若遇到袁世凯派人检查就说是排版错误，出现了"别字"。于是《申报》上出现的年号竟是"洪害元年"字样。以"洪害"代"洪宪"，是一种绝妙的讽刺。

汉字的日常使用中，还有诸如藏字、顶真、回环、夸张、反语、比喻等多种手法，都别具情趣。

文字獄三例

漢

文字狱是统治者迫害知识分子的一种冤狱，手法主要是从其著作中摘取字句，罗织成罪。这里略举四例。

苏轼"诗案"

苏轼是名满天下的大学士、大诗人，他的一生也几乎与文字狱为伴，用他自己的话说，就是"口业不停诗有债"。再读他这样的诗句——"人皆养子望聪明，我被聪明误一生""人生识字忧患始，姓名粗记可以休"，更可以想见文字之祸对他的打击。

苏轼的文祸起于"乌台诗案"。乌台即御史台。御史台是古代中央行政监察机关，也是中央司法机关之一，负责纠察、弹劾官员，肃正纲纪。汉代时，御史台内有许多柏树，树上有很多乌鸦，时人称御史台为"柏台"或"乌台"。苏轼因诗获罪，经办此案的御史台又称乌台，所以人们称苏轼的这次文祸为"乌台诗案"。

熙宁四年（1071），苏轼为开封府判官，写成 7 400 余字的《上皇帝书》，证明"国家之所以存亡者，在道德之深浅，不在乎强与弱；历数之所以长短者，在风俗之厚薄，不在乎富与贫"。针对当时的变法，提出九字救世方针："结人心，厚风俗，存纪纲"。苏轼的上书基本上否定了神宗朝的变法，招致王安石等人的不满。

此时正逢进士考试，苏轼主考，策问"晋武平吴以独断而克，苻坚伐晋以独断而亡，齐桓专任管仲而霸，燕哙专任子之而败，事同而功异"，影射王安石鼓励神宗独断专行，将败坏国事。王安石非常气恼，苏轼自知京城不能久留，请求外放。后出任杭州通判，移知密州，权知徐州。

元丰二年（1079）三月，苏轼移知湖州，作《湖州谢上表》，也就是按规矩上表谢恩，里面有这样几句："皇帝陛下，天覆群生，海涵万族。用人不求其备，嘉善而矜不能。知其愚不适时，难以追陪新进；察其老不生事，或能牧养小民。"此时王安石已第二次罢相，但变法派仍然掌权。御史中臣李定和监察御史里行舒亶、何正臣从中摘出"追陪新进""老不生事"，诬指苏轼是讽刺变法派"新进"喜欢"生事"，并从苏轼近年所作诗歌中找出60余处所谓"讪上骂下""公为诋訾"的句子，于七月参奏："至于包藏祸心，怨望其上，讪讟慢骂而无复人臣之节者，未有如轼也。盖陛下发钱（指青苗钱）以本业贫民，则曰'赢得儿童语音好，一年强半在城中'；陛下明法以课试郡吏，则曰'读书万卷不读律，致君尧舜知无术'；陛下兴水利，则曰'东海若知明主意，应教斥卤（盐碱地）变桑田'；陛下谨盐禁，则曰'岂是闻韶解忘味，迩来三月食无盐'。其它触物即事，应口所言，无一不以讥谤为主。"

七月二十八日，苏轼被逮捕。八月十八日，被送进御史台的监狱。二十日，被正式提讯。十二月二十九日，苏轼被贬为黄州团练副使，连坐者有司马光、范镇、张方平、王诜、苏辙、黄庭坚等二十多位大臣。

苏轼诗案就是所谓"诏狱"，也就是按皇帝的诏命行事，也称"钦案"。古代文字狱实际上都是"诏狱"，都由皇帝操纵，即使有时是权臣操纵，其实主子还是皇帝。

此后，苏轼起起落落，每次被贬都与当权者罗织"文字狱"有关。

元祐元年（1086），苏轼升任翰林学士、知制诰。一次他主持中央机构官员录用考试，所拟策题内有这样几句："今欲师仁祖之忠厚，而患百官有司不举其职，或至于偷；欲法神考之厉精，而恐监司、守令不识其意，流入于刻。"这里的"仁祖"指宋仁宗，"神考"指宋神宗。这句话的意思是：现在想学习仁宗的忠厚，却担忧各级官员不能履行自己的职责，有的甚至还可能偷安；想效法神宗的励精图治，却担忧官员不能明了这种做法的意义，流于苛刻。苏轼的话明明白白，是期待应试者思考当时的为政困局。但苏轼这几句话中的"偷""刻"两字的意义被左司谏朱光庭偷换，朱光庭认为苏轼是毁谤仁宗"偷"、神宗"刻"，于是上表弹劾苏轼。后来太后过问此案，认为苏轼拟题的原意是批评当今百官，不是毁谤祖宗，苏轼才暂时躲过一难。

朱元璋"奇思"

几千年的中国历史，文字狱最腥风血雨的时期就是明朝初年。明初定制：凡遇岁首、冬至、万寿圣节（皇帝生日）等节日，以及为皇太后、太皇太后上尊号和册立太子等庆典，官府都必须上表祝贺。此外，皇上有恩典赏赐，受赐者都要上表谢恩。这两类表本来都是礼节性的官样文章，但开国皇帝明太祖朱元璋却要用异样的眼光逐句逐字琢磨、审阅。他本来就读书不多，对博大精深的汉字文化知之甚少，尤其是对那些传之久远的典故知之更少，加上他对自己的经历——幼时放牛与入寺为僧以及后来加入农民起义军——特别在乎，因此，他常常对满腹经纶的饱学之士所写的那些正正经经颂扬他的文字妄加揣测，随意附会，产生"奇思"，认定是对自己的讥讽、嘲弄，使得这些文字的作者成为屈死鬼。

朱元璋特别忌讳与"贼"（古代常用来指农民起义军）、"僧"同音或近音的字，认定这样的字都是对自己的不敬。所以，浙江林元亮因作《谢增俸表》中有"作则垂宪"句而被诛杀；北平赵伯宁因作《万寿贺表》中有"垂子孙而作则"而被诛杀；福州林伯璟因作《贺冬节表》中有"仪则天下"而被诛杀；桂林蒋质因作《正旦贺表》中有"建中作则"而被诛杀；沣州孟清因作《贺冬节表》中有"圣德作则"而被诛杀，其中"圣"还被附会为"僧"。其实，这些贺表中的"则"都是"准则""规范""楷模"的意思，而朱元璋认为是在骂他是"贼"。还有常州蒋镇因作《正旦贺表》中有"睿性生知"而被诛杀，"生"被附会为"僧"；陈州周冕因作《万寿贺表》中有"寿域千秋"而被诛杀，"寿域"被附会为"兽祸"（"域"的右边为"或"，"或""祸"同音）；怀庆吕睿因作《谢赐马表》中有"遥瞻帝扉"而被诛杀，"帝扉"被附会为"帝非"；祥符贾翥因作《正旦贺表》中有"取法象魏"而被诛杀，"取法"被附会为"去发为僧"，"象魏"被附会为"像曹魏取代汉一样"；亳州林云因作《谢东宫赐宴表》中有"式君父以班爵禄"而被诛杀，"式君父"被附会为"弑君父"，即杀死君王、父亲，犯上作乱；尉氏县许元因作《万寿贺表》中有"藻饰太平"而被诛杀，"藻饰"被附会为"早失"；德安吴宪因作《贺立太子表》中有"天下有道"而被诛杀，"道"被附会为"盗"。

朱元璋自卑扭曲的性格，使他产生了强烈的猜疑、报复心理，对文人学士大开杀戒，当时因贺表遭祸而被诛杀的人不知有多少。贺表之类的文字狱兴起后，百官恐惧，请求朝廷颁布字句先经拟定好的样本。朱元璋大概杀人杀了二十九年，才命翰林学士刘三吾等人制定一份《庆贺谢恩表笺成式》，于洪武二十九年（1396）颁行天下。此后，百官贺表之类都是一样的字句，只是落款有所区别。虽然失去了文采，却也少了枉死鬼。明初这场奇特的文字狱总算终了。

洪武十四年（1381），日本国遣史入贡，但书辞倨傲无礼，朱元璋便命致书日本，以出兵征伐相威胁。洪武二十八年（1395）、三十年（1397），皆因贺表文字，明两次拘留朝鲜使者。

雍正、乾隆"吹求"

清代文字狱大兴始于雍正。雍正朝文字狱的一大特征就是"吹求"。"吹求",即成语"吹毛求疵",作为清代文字狱的术语,主要是指随意附会地罗织定罪材料(被指为"悖逆""谤讪"的文字)。

查嗣庭案是雍正朝第一大文字狱。查嗣庭是浙江海宁人,以礼部左侍郎充江西乡试正考官,被人告发所出试题"显露心怀怨望,讥刺时事之意"。查嗣庭所出试题"君子不以言举人,不以人废言"(《论语》),被认为是在影射雍正朝的官员举荐制度。但"吹求"的雍正更怀疑查嗣庭的第二题"正大而天地之情可见矣"(《周易》)和第四题"百室盈止,妇子宁止"(《诗经》),他认定"正""止"是查嗣庭有意为之,是汪景祺"年号论"的翻版。此前,雍正处理了汪景祺案。汪景祺在他的《历代年号论》中说,"正"字拆开来是"一"与"止",是不祥之兆,历史上凡以"正"为年号的都没有好下场,如金哀宗的"正大"、元顺帝的"至正"、明英宗的"正统"。查嗣庭最终被戮尸、枭首示众,兄弟子侄、同年江西考官均被处置。因汪景祺、查嗣庭是浙江人,雍正进而迁怒浙江士人,下诏禁止浙江士人参加乡试、会试,在浙江总督上表请求后才解除诏令。

　　乾隆是清朝第六位皇帝，享年八十九岁，在位六十年，加上三年多的太上皇，可谓中国历史上享寿最长、在位时间最长的皇帝。他自喜建立"十大武功"，自诩"十全老人"。乾隆在位期间，社会安定富足，"康乾盛世"达到顶点。但乾隆皇帝大兴文字狱，将思想专制推向"顶峰"，使全社会"万马齐喑"。

　　乾隆时期"吹求"成风，文字狱几乎都是由"吹求"形成。重要的原因是，如果哪个官员不"吹求"，就会因"失察"被治罪。山东巡抚准泰因消极应付"伪奏稿案"被治罪，江西巡抚鄂昌、两江总督尹继善、湖南巡抚范时绥、江苏布政使陶易等人皆因"失察"罪被处治。

　　乾隆四十二年（1777），有人告王锡侯的《字贯》语含谤讪。当时的江西巡抚海成接到控告后没有细读《字贯》就上奏朝廷，只是请求革去王锡侯的举人功名。但案子上报朝廷后，朝廷组织会审，乾隆以"吹求"的目光从中发现了更严重的问题。《字贯》凡例有一则教人们怎样避讳。避讳是古人在言谈和书写时要避免君父尊亲的名字。对孔子及帝王的名字，众所共讳，叫作公讳；人子避祖、父之名，称家讳。避讳的方法一般或取同义或同音字以代本字，或用原字而省缺笔画。如唐代，"民"字被李世民用了，一般文中都用"人"替代"民"。避讳早在先秦就已出现，直到民国才逐渐消失。其实《字贯》讲避讳时完全按照规定，不仅在用字上做得很到位，而且凡遇到词关清朝、清帝的地方，都另起一行抬头书写，可谓恭敬之极。但乾隆还是觉得王锡侯没有使用更严格的避讳法来写一些名号，如乾隆的名字"弘历"（繁体为"弘曆"），《字贯》以"宏""歷"避之，而乾隆认为要用拆字法写成"上一字从弓从厶，下一字从厤从日"，于是勃然大怒，认为"此实大逆不道，为从未有之事，罪不容诛"。最后，王锡侯被监送京城，判斩立决，子孙七人都被判斩，其他人"充发黑龙江，与披甲人为奴"。江西巡抚海成被处斩，江西布政使周克开、按察史冯廷丞也因为看过《字贯》而未指出悖逆之处，遭革职处分；两江总督高晋以同样的原因被降一级留用。

乾隆时期的文字狱与前代相比，有一个很大的不同，那就是将矛头指向不在位的下层士人。

乾隆四十三年（1778），死去十多年的江苏东台县举人徐述夔被仇人告发。徐生前著有《一柱楼诗集》，有"大明天子重相见，且把壶儿搁半边""清风不识字，何故乱翻书""明朝期振翮，一举去清都"等句，都被认为是"叛逆之词"，"壶儿"（谐音"胡儿"）指满人，"清风"句指满人没有文化，"明朝"句指怀念明朝。最后判决：徐及其子徐怀祖已死，开棺戮尸，枭首示众；徐孙徐食田、徐食书虽然是自己携书自首的，但仍以收藏"逆诗"罪论斩；负责校对此书的徐首发、徐成濯兄弟两人的名字合起来是"首发成濯"四字，被认为是"诋毁本朝剃发之制"，以大逆不道之罪处死，因为"濯濯"就是光秃秃的样子，以《孟子·告子上》中有"牛山之木，若彼濯濯，草木凋落也"之句为证；办案不力的扬州知府谢启昆被革职，发配戍边；沈德潜曾为此书立传，乾隆褫夺其死后所获朝廷赠予的所有官职、谥号（沈为乾隆诗友，死后赠太子太师，谥文悫，入贤良祠），毁灭祭葬碑文等，从贤良祠中撤除其牌位。

乾隆四十四年（1779），安徽的戴世道被人告发，他曾祖戴移孝所著《碧落后人诗集》和他祖父戴昆所著《约亭遗诗》中都有"悖逆"诗句，如"长明宁易得""短发支长恨""且去从人卜太平"等句，"长明""短发"句被认为是怀念明朝，咒骂本朝强迫剃发；"卜太平"句被认为是

"暗指今日不太平"。结果是戴移孝、戴昆虽已死数十年，仍被开棺戮尸，戴世道被斩，戴世道子侄多人也被判斩监候，妻子等被发遣为奴。

乾隆四十七年（1782），浙江仁和县已死多年的卓长龄及子被刨尸，枭首示众，卓长龄之孙卓天柱等被斩立决，原因是卓长龄曾写有"逆诗"，被人告发。原诗为："可知草莽偷垂泪，尽是诗书未死心。楚衽乃知原尚左，剃头轻卸一层毡。"

像这样的案件在乾隆一朝可谓频频发生。士民因文字致祸虽多有不同，但归结起来为五类：一是表露反清排满情感，二是犯讳，三是谤议，四是煽惑，五是炫才邀恩。

其他几类前面已有例子，这里再举炫才邀恩一例。乾隆十六年（1751）八月，山西穷书生王肇基乘万寿节（皇太后生辰），向汾州府衙门献祝寿诗联。王肇基被捕后为自己辩称："如今是尧舜之世，我何敢有一字谤讪，实系我一腔忠心，要求皇上用我，故此将心里想着的事写成一篇来呈献的。至于那论孔孟程朱的话，亦不过要显我才学的意思……只求替我进了此书，我就有官做了。"山西巡抚阿思哈上奏说王肇基"类似疯癫"，诗联有颂圣之意，但所附《叙后》"妄议国家事务，指斥文武大臣，谤毁圣贤，肆其狂吠，悖谬已极"。乾隆谕意：王肇基杖毙，其母、妻等人交地方安插管束。

乾隆朝的文字狱向下层不在位的士人转移，表明朝廷的统治已有效地控制了中上层士大夫的思想，进而清剿下层社会，消灭异己力量生长的土壤。正如清人李祖陶在《迈堂文略》中所言："今人之文，一涉笔惟恐触碍于天下国家……人情望风觇景，畏避太甚。见鳝而以为蛇，遇鼠而以为虎。消刚正之气，长柔媚之风。此于世道之心，实有关系。"于是，天下逐步走向后来龚自珍所描述的情境——"万马齐喑"。

罗素英在《中国文字狱述论》中说："文字狱对中国文化发展造成了灾难性的影响，是中国文化机体的一个毒瘤。"她指出，首先，文字狱对读书人从肉体到精神的惨无人道的摧残、迫害，造成了知识分子群体的心灵创伤，严重扭曲了知识分子的人格尊严。封建专制的高压、淫威，压抑了知识分子的创造活力，继之而来的结果必然是中国文化的生命力受到抑制，变得死气沉沉，缺乏生机和活力。其二，文字狱流行开来后，被居心不良之辈利用。他们为了满足一己私欲，往往丧尽天良，利用统治者以文字罪人的政策，或是挟嫌报复，或是敲诈勒索，常常弄得读书人风声鹤唳，人人自危。因此，文字狱对于人心风俗、社会道德的负面效应也是非常深重的。到了清初，由于政府鼓励检举告发，一旦坐实，告发者甚至可以得到被告者财产的一半，因此，告发、诬陷之风尤烈。其三，文字狱往往造成中国书刊史的浩劫。在文字狱中，人与书往往相互关联，人罹祸，书亦不免。秦始皇焚书对中国先秦典籍的破坏影响了以后两千多年的中国学术史，清代的文字狱有很多就是因为编纂、收藏自己或他人的著作或是收藏禁书而引起的，一旦成狱，这些人所著所藏的书籍就立即遭到焚灭之灾。这些书籍的毁灭无疑是中国文化的一大惨重损失。

汉字与汉字文化圈

漢

德国学者格雷布内尔（1877—1934）和奥地利学者施密特（1868—1954）创立了很有影响的文化传播学派，提出了"文化圈"理论。他们认为整个人类的文化由少数几个中心地区产生，然后向外扩散，最终形成不同的文化圈。尽管这种理论一直存在争议，但"文化圈"这一概念还是不断地被人们使用。

最早提出"汉文化圈"的是日本学者藤堂明保（1915—1985），他于1971年出版了《汉字及其文化圈》，提出"汉字文化圈"理论，并研究其形成过程。20世纪80年代，法国学者汪德迈出版了《新汉文化圈》，他划定的"汉字文化圈"包括中国及朝鲜、日本、越南等地。中国学者朱云影先生在其力著《中国文化对日韩越的影响》中，深入地探讨了汉字文化（朱先生认为讲"中国文化"更合适）对圈内日韩越的深层影响。

本篇将对汉字在朝鲜、日本、越南使用的历史及汉字文化在圈内的影响略作介绍。

1894 年前，汉字是朝鲜半岛的正统文字

中国文化最早进入朝鲜，一般认为是在商代末年，事件是箕子东走朝鲜。据《史记》载，纣王的叔父、商的大臣箕子在武王伐纣时远走朝鲜。

"武王既克殷，访问箕子"，"封箕子于朝鲜而不臣也"。这是说，商代最后一个国王纣的叔父箕子在周武王伐纣后，带着商代的礼仪和制度到了朝鲜半岛北部，建立朝鲜国，并得到周朝的承认，史称"箕子朝鲜"。

西汉初年，燕王卢绾背叛汉朝，逃往匈奴，他的臣子卫满也一同出走，并带领一千余人进入朝鲜半岛。之后，卫满推翻箕子朝鲜，建立新的政权，史称"卫氏朝鲜"。

公元前108年，汉武帝灭卫氏，置郡统治，创造了"乐浪文化"。乐浪是汉武帝于公元前108年在朝鲜半岛设置的汉四郡之一，治所在朝鲜县（今平壤大同江南岸），管辖朝鲜半岛北部。汉朝在朝鲜半岛北部地区置郡统治，推动了汉朝先进文化在朝鲜半岛地区的传播。

汉字在朝鲜地区的使用，应当是在箕子东走朝鲜之时就开始了。公元427年到660年，是朝鲜高句丽、新罗、百济三国鼎立时期。三国建国之初，急需一种文字供国家统治和交际使用。于是，汉字便成了朝鲜的公文记录文字，直至1444年，朝鲜创制了正音文字。但在1894年甲午战争之前，汉字一直是朝鲜的正统文字。1910年，日本占领朝鲜半岛后，汉字才被彻底废除。通过文字，中国的经典大量传入朝鲜，中国的文化思想开始全面影响朝鲜。

太学是中国古代的一种大学，始设于汉代。汉初，董仲舒向武帝提出"兴太学，置明师，以养天下之士"的建议。武帝采纳董仲舒的建议，于元朔五年（前124）在长安建立太学。太学是国家的最高学府，以儒家经典为基本学习内容。朝鲜历朝仿照中国太学开设太学，教授儒学经典并向中国派遣留学生。最先设立太学的是高句丽小兽林王，然后依次是百济和新罗。朝鲜现存的最古史书《三国史记》记载了当时太学学子所读之书及等第:"读《春秋左氏传》,若《礼记》,若《文选》,而能通其义,兼明《论语》《孝经》者为上,读《曲礼》《论语》《孝经》者为中,读《曲礼》《孝经》者为下。若博通五经三史、诸子百家者,超擢用之。"

崔致远是朝鲜历史上第一位留下个人文集的大学者、诗人,被奉为朝鲜汉文学的开山鼻祖,被誉为"东国儒宗""东国文学之祖",对朝鲜后代的诗文有很大影响。崔致远,字孤云,朝鲜新罗宪安王元年(857)出生于一个中小地主家庭,从小受到良好的儒学与汉文学教育,树立了西浮沧海、入唐游学的远大志向。新罗景文王八年(868年,晚唐懿宗咸通九年),12岁的崔致远到中国留学。之后,他在唐都长安度过了6年艰苦的求学生活。唐僖宗乾符元年(874),18岁的崔致远进士及第。随后,他在洛阳浪迹了两年,遍游附近的名胜古迹。乾符三年(876)初,崔致远被授为江南道宣州溧水县尉,成为唐代的一名地方官。崔致远在溧水县尉任满后,投奔淮南节度使高骈,先后担任馆驿巡官和都统巡官,多次参与淮南军府的机密要务和军事行动,成为高骈信任和器重的异国幕僚。僖宗光启元年(885年,新罗宪康王十年)三月,29岁的崔致远归国。崔致远在中国留学的17年间,"译殊方之语言,学圣代之章句",广游名山大川,广交各地名士,与著名诗人罗隐、杜荀鹤等结下了深厚的友谊,还写过《讨黄巢檄文》,轰动唐代文坛。据朝鲜《三国史记》记载,崔致远返回朝鲜时,唐人顾云写给他的《送别诗》说:"十二乘船渡海来,文章感动中华国。十八横行战词苑,一箭射破金门策。"崔致远著有《桂苑笔耕》20卷,其中有五、七言近体诗百首之多,且题材广泛,涵盖了送别、纪游、咏史、怀古、干谒、酬赠、咏物等。这些诗歌情感丰富、意蕴深长、技法娴熟,基本具备了唐人诗歌的丰神情韵。

公元918年，高丽王朝取代新罗，朝鲜进入高丽王朝时期（918—1392）。光宗九年（958），朝鲜开始采用以中国典籍为考试主要内容、以汉文写作的科举考试制度。高丽王朝400多年间，大力倡导汉文学。学习文章时，《昭明文选》是学子们的必读书目。学习诗歌，前期尊唐诗，以李白、杜甫为最；后期流行宋诗，以苏轼为最。这期间人才辈出，李奎报、李仁老、金丘、李齐贤等，都以诗文闻名，其中李奎报最负盛名，"高丽一代无所企及者"，有"海东谪仙李太白"之誉，对朝鲜后世文学产生了极大影响。李奎报（1169—1241），字春卿，号白云居士，1190年登进士第，一生创作了8 000余篇诗歌与散文，今传世的约有2 000余篇，分别收录在《东国李相国集》和《白云小说》中。李奎报极富诗才，想象丰富，气势豪迈，语言畅快，韵律和谐，确有李白之风范。

1945 年后，汉字在日本的使用被限制

与朝鲜一样，作为汉字文化圈的成员，日本在自己的文字创立之前，以汉字为通用文字。随着汉字传入日本，中国文化对日本产生了非常广泛的影响。这里以日本史书编写为例，介绍汉字在日本的使用情况。

◇ 公元 9 世纪前，日本文献用汉字书写

汉字最早何时传入日本，没有确切的记载。最早可能在公元前 3 世纪，中国有人东渡日本，带去了汉字。日本出土的弥生时代（公元前 3 世纪至公元 3 世纪）文物（陶器等）上面，刻有"大""竟"等汉字。《三国志》记载，公元 3 世纪魏国与日本邪马台国有外交文书往来，这些文书都是用汉字书写的。《宋史·倭国传》记载，公元 478 年，日本雄略天皇向中国南朝顺帝呈送了用汉字书写的表文。现在一般认为，汉字正式传入日本是在公元 4 世纪末或 5 世纪初。当时，中国的儒家经典和佛教经典（经汉语翻译的佛经）陆续传入日本，首先是在日本的上层社会传开，朝廷官员和贵族通过阅读汉文经典，逐渐掌握了汉字，并开始用汉字书写文书。公元

9 世纪前，日本的文献几乎都是用汉字书写的。

公元 1000 年前后，日本文字（假名）产生，但很长一段时间内，汉字依然被日本人认为具有最高的表现力和审美价值。一个突出的例子是，原先用假名书写的文献，他们会再用汉字重新书写一遍，称"真名本"。如当时流行的用假名创作的两部长篇小说——《伊势物语》和《平家物语》，都有"真名本"。人们阅读汉文汉诗，不是读译本，而是读汉文汉诗原著。日本人早先读汉文汉诗有两种读法，一种叫汉文直读法，即直接读汉语语音；一种叫"汉籍和训"，即在汉文原著上，按每一个汉字的训诂意义，标上日本假名。日本人这样通过汉字直接接触中国典籍，一直延续到明治维新初年，即 19 世纪 60 年代。

◇ 1895 年前，日本历史著作用汉字书写

《日本书纪》《大日本史》都是日本人用熟练的中国古汉语编撰的历史著作。日本人编撰自己的历史为什么用中国古汉语？因为成熟的日本文字历史短，至今约 1 000 年。1 000 年之前，日本人的各种书写基本上用汉字，历史著作的撰写自然也要用古汉语。《日本书纪》是日本流传至今最早的正史，成书于元正天皇养老四年（唐玄宗开元八年，720 年）。之前，日本史书有《古事记》，由于当时汉文写作还不是很熟练，所以此书是用汉字和以汉字作音标的日语夹杂写成的。之后，日本陆续用汉文修成《续日本纪》《日本后纪》《续日本后纪》《文德天皇实录》《三代实录》五种史书。这五种史书与《日本书纪》合称"六国史"。"六国史"在日本史学史上有着极其重要的意义，类似于中国的"前四史"（《史记》《汉书》《后汉书》《三国志》）。

公元 1000 年后，日本文化逐渐由模仿中国转向创造。公元 1000 年前后，日本成熟的文字"假名"——"平假名"与"片假名"——诞生了。假名是在"万叶假名"（用汉字标注日本语音的"真假名"）的基础上形成的。5 世纪初，日本出现了被称为"假名"的借用汉字标音的文字。8 世纪时，以汉字标记日本语音的用法已较固定。平安时代（794—1192），日本人根据标音汉字楷体偏旁造成"片假名"，采用汉字草体造成"平假名"。假名产生之后，日本产生了日文史书（又称"和文史书"）《大镜》《今镜》《水镜》等。但史学家认为，这些史书实际上没有脱离汉文史书的藩篱。并且，因为汉字此时依然是日本书写的主体文字，这些史书的书写形式也并没有完全为日本人自己所认可。江户幕府时期（1603—1867），日本产生了两位大史学家，一位是崇拜中国文化的儒学大师林罗山，他用汉文编写的《本朝编年录》影响极大；一位是建立日本史学划时代事业的德川光圀，他用汉文编写的《大日本史》被认为是日本明治维新的重要推力。明治二十八年（清光绪二十一年，1895 年）中日甲午战争结束后，日本政府取消原先制订的《汉文编年史》修史计划，结束了用汉文编写历史的历史。

◇ **1945 年后，汉字在日本的使用被限制**

明治维新后，汉字的地位在日本逐步下降，但余韵犹存。如这时的著名社会活动家江兆民，就依然用汉文翻译卢梭的《契约论》，而不是用日本假名；著名文学家夏目漱石作汉诗 200 多首，他认为这些用汉字写的诗是自己"逃出了现实生活压迫的心灵，在重返原本自由的心境、获得了闲定的时光后油然蓬勃迸发出来的天然的彩纹"；稍晚于夏目漱石的著名文学家芥川龙之介，一生醉心于汉文典籍，藏书中有汉籍188类共1 177册。在普通民众的生活中，汉文的阅读与汉字的使用也非常广泛，政府几次限制汉字使用的方案都无疾而终。

但1945年日本战败后，随着美国占领军进驻日本，汉字与日本的许多旧制度一起，被列为扫除对象。美国政府建议日本减少汉字使用并最终废除汉字，但日本全面使用汉字已有1 500余年的历史，绝大多数日本典籍都是用汉字写成的，汉字已同日本文化融为一体，汉字已经成为日本文化的重要元素，根本不可能废除。日本政府于是在1946年制定了《当用汉字表》，收常用汉字1 850个，在学校教育中使用。1981年，日本政府又制定了《常用汉字表》，将常用汉字增加到1 945个。

汉字在日本的使用，不只是作为一种书写符号，更是中国文化在日本的传播。因为日本在接受汉字这种书写符号的同时，也接受了这种符号背后的思想文化。对这种思想文化的接受主要表现在两个方面：一方面是直接接受汉字表达的中国思想文化概念，如"忠""孝""仁""世界""觉悟""彼岸"等；一方面是模仿中国文化"创造"自己的历史，这主要是通过史书的编撰来实现的。研究发现，日本史书的编写，从形式到精神基本模仿中国的史书。日本著名史学家清原贞雄说："'六国史'专仿中国《史记》《汉书》以下诸史中的本纪而编。中国历代正史所谓二十四史，都是某朝把灭亡了的前朝的历史加以编纂，例如唐朝编纂隋朝的历史，日本朝廷一系相传，并不似中国有彼亡此兴的事实，却也模仿中国，只记到前代为止，而不记当代的事。"中国著名史学家朱云影说：《日本书纪》"常以我国正史记载为蓝本，杜撰史事"；《大日本史》的"最大特色，是发扬春秋精神"，"特别注重'辨夷华，别

内外'"，甚至将中国隋唐列为"诸蕃"，以"夷"相称。朱先生认为，
"春秋精神""唤起了各民族的觉醒，也促进了各国的进步"，当然包
括日本在内。"春秋精神"是中国史学的一个突出传统。自孔子作《春
秋》，寓褒贬，别善恶，重名分，严内外，后代史学家基本沿此路治
史，日本史学家修史也沿此途前进。特别是"别内外"的观念，对日本
历史的哺育尤甚，一步步孕育出了德川光圀这样具有自觉的国家意识的
史学家。

1945 年，汉字在越南的通用地位终结

越南先后主要使用过三种文字：汉字、喃字和国语字，在法国殖民统治时期还短暂使用过法文。

秦朝时，汉字开始传入越南。秦至唐末，越南基本上与中国一样，是实行郡县制的，汉字及文化在越南的传播与中国相似。

10 世纪中期到 19 世纪中后期，是越南的自主封建时期。在这期间，越南统治者继续推崇汉字，儒学与科举在越南盛行。1075 年，越南定汉字为全国通用文字，公私文牍全部依照中国文体，官方的文件和书籍、诗歌、文章全部用汉字写作。在此时期，越南出现了喃字。喃字是历史上中越文化交流的产物，它脱胎于汉字，借用汉字的偏旁造字。在很长一段时间内，喃字与汉字并存。喃字是越南民族文化试图挣脱以汉字为载体的中华文化的一种尝试，但由于主客观原因，没有获得成功。

19 世纪中后期，越南沦为法国殖民地，汉字的地位迅速下降。1945 年，越南独立，规定国语字为国家正式通用文字，汉字在越南的通用地位终结。国语字是西方传教士于 16 世纪末创制的以拉丁字母记录越南语言的拼音文字，早期主要用于传教士传教。经历一个多世纪的发展，到

18 世纪国语字已经完善。法国侵占越南后，废除汉字，推广国语字。越南的有志之士也充分利用国语字的优点，宣传民族文化、民族独立和民族斗争精神，国语字成了越南人民摆脱殖民统治的重要力量。最后，国语字取代汉字成为越南的正式通用文字。

　　汉字在越南的使用历史长达 2 000 多年。与在朝鲜、日本一样，汉字文化深刻地影响了当地的文化。越南学者邓台梅先生说："同中国的文化交流，的确曾经给我们祖国文化的发展带来了好处。首先，就说语言吧，人们可以从越南语汇中找到一些来自柬埔寨和泰国的词语，但最大量的和最重要的词汇还是从中国借来的。对文字也是如此，在 18 世纪发明'国语'（指拉丁化越南文）以前，很长时间，我们民族的书写工具一直是模仿中国象形文字的。直至上个世纪初，我们的图书印刷仍照中国的木刻印刷术进行。最后，好多个世纪以来，越南的知识分子一直喜欢用中国的古文来撰写自己的作品。"

汉字文化对"圈内"朝、日、越的影响

随着交往的加深、汉文典籍的不断输入，其所承载的汉字文化对朝、日、越的影响也逐步加深。据朱云影先生的研究，汉字文化对朝、日、越的影响主要表现在学术、思想、政治、产业、风俗、宗教这六大方面。这里择要叙述如下。

◇ 中国学术对朝、日、越的影响

中国学术对朝、日、越的影响是全方位的，史学、经学、文学、科学等方面的影响都非常深远。

史学方面。中国的史官制度给朝、日、越树立了先例，使它们都留下了丰富的历史记录；中国富有变化的史体，启示了朝、日、越史学的发展途径，使得其纪传、编年、纪事本末以及政书、实录等史体都很完备；《春秋》褒贬劝诫、以垂训借鉴为历史第一义的书写原则，引导朝、日、越的历史学家对历史之"善"的追求超越了对历史之"真"的追求；《春秋》"别内外"的精神，唤醒了朝、日、越各国的民族意识，激发、促进了朝、日、越各国迎头赶上的内驱力。

136

　　经学方面。经学是中华文明极其重要的组成部分，与中国古代社会制度的形成、巩固、发展和延续有极其紧密的关系，对中国古代哲学、史学、文学、艺术的影响也极大。小到个人修养、家族成员共处的方法，大到国家天下长治久安的道理，以及各种社会规范，经学无所不包。当朝、日、越各国还处在原始的无组织状态时，中国经学恰好给他们提供了一套社会秩序，所以很容易在那里生根、发展，从而逐渐奠定了朝、日、越各国传统文化的基础。

　　文学方面。由于朝、日、越各国的自制文字出现较晚，汉字成了朝、日、越古代自觉选取的通用文字，所以汉文一直是朝、日、越各国古代文人抒情写意的工具。因此可以说，朝、日、越各国的古代文学，从形式到内容，都是中国古代文学的模拟；诗文派别的消长也和中国诗文派别的消长关系紧密。由于汉文学长期以来是朝、日、越各国的主流文学，所以虽然后来朝、日、越各国都产生了自制文字的文学，但很长一段时间内，朝、日、越各国文人对汉文学的写作依然有很大的兴趣。

　　科学方面。天文学是中国古代科学的重要组成部分。中国古代天文学家辈出，京房、虞喜、张衡、李淳风、郭守敬等，对中国古代天文学的发展作出了极大的贡献。中国自古就有丰富的天象记录和完备的历法，世界任何国家都无可比拟。朝、日、越各国古代的天文知识，绝大部分都是从中国传播过去的，他们一向采用中国历，如《宣明历》，日本用了八百余年，朝鲜用了五百年。中国古代的算经，如《周髀算经》《九章算术》和算盘，都先后传入朝、日、越各国。在西医传入之前，朝、日、越各国基本上使用中医治病。

◇ **中国思想对朝、日、越的影响**

中国古代各种思想极其丰富，各种思想均对朝、日、越各国产生了影响，尤其是政治思想、法先王思想、正统论、华夷观念等，对各国产生了极深远的影响。

政治思想。敬天、修德、尊贤、正名等是中国古代最基本的政治思想，这些思想都曾深刻地影响朝、日、越各国的政治。如朝、日、越各国史书中有非常多的灾祥的记载。这是因为中国古代政治思想中存在"天人相应"的观念，天心反映民心，灾祥是上天对统治者的示意，因此朝、日、越各国统治者常因灾荒而下"罪己诏"，或大赦改元，或开仓救济，或免除地方租税。如正名的思想，《尚书》中所说"任贤勿贰，去邪勿疑"，《论语》中所说"名不正则言不顺，言不顺则事不成"，常为朝、日、越各国史官文书再三引用，鼓励统治者用贤才、去奸邪，警告野心分子尊重大义名分，对朝、日、越各国吏治的澄清与政局的稳定产生了极大的作用。

法先王思想。"言必称先王"是中国古代先哲阐述政治思想的"惯例"。他们首先把"先王"塑造成完美的形象，作为后人施政、执法、用兵、设教等取法的楷模；然后常常假托先王来增加自己学说的分量，推行自己的政治主张。儒、法、道、墨诸家，无不如此。受此影响，朝、日、越各国执政者都将中国文献中的先王视为取法的最高模范。

正统论。"天无二日，民无二王""辨华夷，别内外""尊王攘夷"是正统论思想的基本内涵。欧阳修在《正统论下》中说："夫居天下之正，合天下于一，斯正统矣。"这个"一"就是"中华"。朝、日、越各国深受这种正统论思想的影响，如朝鲜视己如周之诸侯，日本大化革新、明治维新，越南脱离中国而独立，都与正统论思想紧密相连。

华夷观念。作为一个文化概念，"华夷"之别就是文明与野蛮之别。《论语·八佾》："夷狄之有君，不如诸夏之亡也。"用现代汉语说就是：东夷北狄即使有君主，也不如中原诸侯没有君主。言下之意是，东边北边的少数民族地区生活野蛮，未开化，远比不上中原各诸侯国的文明程度。《公羊传·成公十五年》："《春秋》内其国而外诸夏，内诸夏而外夷狄。"用现代汉语说就是：《春秋》以鲁国为内，以其他诸侯国为外；以诸侯国为内，以东夷北狄为外。这些都可证明古代先哲心中的华夷观念：文化意义高于种族意义，"华夷之别"即"文野之别"。孟子主张的"用夏变夷"，就是以诸夏文化影响中原地区以外的僻远部族。这种华夷观念，引起朝、日、越各国的强烈反应。日本在8世纪初设立太学后不久，就以"中国"自尊，有时自称"中国"还不满足，还将唐朝与高丽等并称为"诸藩"。这种贵内贱外的思想，在后来愈演愈烈，直至美国打开日本门户，明治天皇仍不忘颁诏叮咛史官"明华夷内外之辨"。朝鲜则自古以中国文化继承者自居。新罗为了迎头赶上中国，首先将衣服改从华制。高丽为契丹、女真、蒙古征服时，始终将这些征服者看作夷狄，心存藐视，而对于宋朝却是心悦诚服。李朝时期，朝鲜更是自称"小中华"，对中国始终自视如周之诸侯，奉明为周之天子，而将女真看作"野人"。后来满族兴起，朝鲜将其看作"胡虏"；而在清朝取得统治地位后，朝鲜终于像亲明一样亲清。越南约自13世纪的陈朝始，以"中国"自尊。当时蒙古入侵，陈王在对诸将训示时说："汝等为中国之将，侍立夷酋，而无忿心。"当明朝在越南重置郡县时，黎利奋起反抗，发布檄文，骂明为"贼"，自称"中国"。后明军退出越南，黎朝成立，在呈送明朝的国书中又称明为"中国"，称明为"华"。但对其他邻邦，越南却又自称"中国"，自称"华"，称邻邦为"夷"。由此可见，朝鲜、日本、越南对"华夷观念"有深刻的认同。

◇ **中国政治对朝、日、越的影响**

　　中国政治对朝、日、越的影响与学术、思想对朝、日、越的影响几乎是同步的，主要表现在开国传说、政治制度、政权转移等方面。

　　开国传说。中华文明是世界四大古文明之一。当中华文明已是粲然大备之时，许多民族都还处在未开化状态，朝、日、越也是如此。所以，朝、日、越各国在编写自己的开国传说时，都不约而同地采用中国的传说或史实。日本神武开国传说中的诸神，与中华先秦的社稷五祀和齐国祀典中的八神几乎相同；韩国的檀君传说，是在中华历史文化的背景中穿插韩国氏族社会酋长的传说完成的；越南的鸿庞氏传说，叙述的基本上是中华百越的一支南下建国的史实，这更说明越人是炎黄子孙。

　　政治制度。中华文明是人类文明史上唯一没有中断而延续至今的古老文明。中国古代社会的政治制度相当完备，周朝的礼制，秦朝的郡县制，汉朝在秦制基础上创制的律令、年号、太学、博士、五铢钱，隋唐在汉制基础上创制的三省、六部、九寺、五监、御史台以及六典、均田制、租庸调法、科举制度，为朝鲜和日本所移植，也为后来的越南所接受。因此，朝、日、越各国的官制、兵制、法制、田制、学制、币制等基本的政治经济制度，差不多都是从中华文明中移植过去的，几乎没有什么大的改变。

　　政权转移。中华文明自产生到晚清，始终是东亚文明的引领者，因此，中国政局的演变，常使朝、日、越各国的政局也发生连锁反应：因唐朝平定百济和高句丽，朝鲜才有了新罗统一王朝的出现；受隋唐文化的影响，日本才有了具有里程碑意义的大化革新；趁五代十国混乱之际，越南才有了独立政权的产生。同时，每遇中华盛世，朝、日、越各国则同享其利，如唐代，日本有奈良王朝的兴隆，朝鲜有新罗的全盛，越南也繁荣一时；每遇中国衰世，朝、日、越也难免遭受灾祸，如清朝鸦片战争失败后不久，朝鲜开始受到列强侵略，日本被迫与列强签订不平等条约，越南更因失去中国这块大的屏障而沦为殖民地。

◇ **中国产业对朝、日、越的影响**

"中国文化圈"，从某种程度上说，是人类农业文明圈。因此，中华文明的"产业"文明对朝、日、越的影响，首先自然表现在农业方面。中国发明的水稻栽培技术，发明的各种农具、各种耕作技术如灌溉法、牛耕法等，传播到朝、日、越各国后，迅速提升了各国的农业水平，改善了各国人民的生活。同时，中国的重农政策，如耕籍田、祀社稷、劝农令以及农官的设置、农书的刊行等措施，也为朝、日、越各国所仿效，对提升各国的农业整体文明起到重要作用。

与农业发展的高水平相匹配，中华文明中的工业文明在明代以前也一直处在世界的前列。铜器、陶瓷器、漆器、丝织品、纸、笔的制作，是中国古代手工业发展水平的代表。这些代表都是以最快的速度传播到文化圈内的朝、日、越各国，对提升各国的整体物质文明发挥了极大的作用。

尽管中国古代以农为本，重农抑商，但商业在文化圈内依然处于领先水平。特别是隋唐以降，中国有不少商人活跃于朝、日、越各国。他们贸迁有无，特别是输出书籍、器物，传播新知识新技术，对各国的发展具有重要的促进意义。

◇ **中国风俗对朝、日、越的影响**

风俗指历代相沿、积久而成的风尚、习俗。中华文明的各种风俗对文化圈内的朝、日、越各国也有极大的影响。

首先是衣冠。中国古称"华夏"，意思就是"衣冠大国"。《周易》说："黄帝尧舜垂衣裳而天下治。"所以衣冠之制，别贵贱，寓赏罚，是国家体制的一种。当中国早已是衣冠之邦时，朝、日、越各国还处在赤身裸体的阶段。中国衣冠文明的传入，一方面使朝、日、越各国从裸裎的蛮地进入衣冠楚楚的礼仪之邦，一方面也刺激了各国修礼订制，逐渐完善自己的国家制度。

其次是习俗。中国社会长期以来形成的各种习俗，如姓氏、节令、音乐、游戏、迷信与婚丧礼等，都在与文化圈内各国的长期接触中，很自然地输入到各国。因此直到今天，朝、日、越各国的姓氏，节日如春节、元宵、端午、七夕、中秋、重阳等，以及各种游戏如围棋、秋千等，都与中国相同或相似。

◇ **中国宗教对朝、日、越的影响**

宗教是文化的重要组成部分。中国古代宗教对朝、日、越各国均有极深的影响。

道教。作为中国道教思想原型的方士神仙思想，早在唐朝以前就分别传入朝、日、越各国。7世纪时，高句丽深感"儒释并兴，而道教未盛"，正式遣使至唐求道教。唐太宗特派道士叔达等携老子《道德经》赴朝传道，从此以后道教日盛，至新罗末叶已是儒道释三教并立了。日本神道的形成，吸收了道教的许多要素。越南在汉末就已有道家术士的足迹；第二次世界大战前后盛行一时的高台教，奉老子、李太白为祖神，可见道教信仰浸润越南社会之深。

佛教。印度佛教经过约 400 年的中国化，形成了中国化的佛教——禅。禅对朝、日、越各国有极深的影响。朝、日、越各国佛教所依据的经论章疏，都来自中国。这些经论章疏，都是中国僧侣用中文翻译或撰述的，已加上中国僧侣的慧解和创意，所以朝、日、越各国的佛教思想，都和中国有密不可分的关系。朝、日、越各国僧侣多数都以中国为佛教圣地，历代到中国求法的僧侣络绎不绝。

结　语

当今世界主要的文明体，一般认为有"中华文明""日本文明""印度文明""伊斯兰文明""东正教文明""西方文明""拉丁美洲文明"和"非洲文明"。

但在这些文明体中，保持了起源与发展的独立性的，只有"中华文明"。"古埃及文明早已消亡，美索不达米亚文明和印度河文明也早已不复存在，但是中国文明却不间断地延续了下来。今天，中国可以为拥有世界上最古老持久的文明而自豪。"[①]"所有学者都承认存在着一个单一的独特的中国文明，它可以追溯到至少公元前 1500 年，也许还可以再往前追溯1 000 年。……虽然儒教是中国文明的重要组成部分，但中国文明却不仅是儒教，而且它也超越了作为一个政治实体的中国。许多学者所使用的'中华'（Sinic）一词，恰当地描述了中国和中国以外的东南亚以及其他地方华人群体的共同文化，以及越南和朝鲜的相关文化。……日本文明是一

---

① 斯塔夫里阿诺斯：《全球通史：从史前史到 21 世纪》（上册），吴象婴等译，北京大学出版社，2006 年版，第 70 页。

个独特的文明，它是中国文明的后代，出现于公元 100—400 年间。"①

中华文明何以有别于其他文明，能几千年生生不息而不中断、不被同化？特别是在近代被世界列强侵略之后，历经一百多年的风风雨雨，今天中国正健步走在伟大的复兴之路上，去实现自己伟大的中国梦。文化史研究者从地理背景、经济土壤、社会结构、语言文字等方面给予了回答。前三点不是本书讨论的内容，这里只就汉字的贡献稍作陈述。

汉字是中华文明保持超稳定性的一种重要的维系工具。可以说，汉字的创制，既是中华文明发展到特殊历史阶段的必然结晶，又是中华文明得以延续、发展、不断跨越一个又一个障碍的重要保证。所以斯塔夫里阿诺斯说："这种书面语具有特殊意义，因为各地区的中国人，尽管各自所操的方言彼此间犹如意大利语之于德语、瑞典语之于西班牙语，颇有不同，但都懂得这种书面语。其原因就在于，它由表示意义和物体的汉字组成。……这种书面语是为中国提供统一性和历史连续性的重要力量。实际上，它对整个东亚也起了如此的作用，因为中国的文字书写方法已全部或部分地为周围包括日本人、朝鲜人和部分东南亚人在内的大部分民族所采用。"② 是的，因为汉字的使用，几千年来，在东亚大陆这样一个辽阔而复杂的空间内，中华文明逐步成为一个统一而又多元的主体。"天下同归而殊途，一致而百虑。"（《周易·系辞下》）因此，齐鲁文化、三晋文化、秦文化、楚文化、巴蜀文化、吴越文化、岭南文化，在"大一统"中各显其

---

① 塞缪尔·亨廷顿：《文明的冲突与世界秩序的重建（修订版）》，周琪等译，新华出版社，2010 年版，第 24 页。

② 斯塔夫里阿诺斯：《全球通史：从史前史到 21 世纪》（上册），吴象婴等译，北京大学出版社，2006 年版，第 70 页。

性，甚至可以说在统一的汉字文明中保持着自给自足的独立性。

汉字为何具有如此大的维系力？因为它承载、传递、表达、创造着中华文化，使得中华文化具有鲜明的独特性和自主性，从物质文化（如各种生活用品），到制度文化（如教育、科举等），到行为文化（如礼仪等）等，无不具有自己鲜明的独特性。不妨作一次设想，假如没有汉字，没有汉字承载、传递、表达、创造的先秦诸子、两汉经学、魏晋玄学、隋唐佛学、宋明理学、清代朴学，没有了《诗经》、《楚辞》、汉赋、唐诗、宋词、元曲、明清小说，没有了二十四史，我们这个民族还存在吗？汉字在承载、传递、表达、创造着浩如烟海的文化典籍的同时，也在塑造着我们民族的骨骼、血肉、品性。

因此，人们常说，没有汉字，就没有我们民族的历史，就没有我们的今天。汉字，其功大矣！汉字，与天地同在！与日月同辉！